Historical Turning Points
in World War II
二战转折史

血色荣光

斯大林格勒战役

主编 石 磊
编委 石 磊 张胜杰 范 虹
郑喜研 梁庆伟 梁风燕

决定性转折，二战胜负结局已定
好战必亡，忘战必危。重温70年前的惊天逆转战
二战普及读物

WUHAN UNIVERSITY PRESS
武汉大学出版社

图书在版编目(CIP)数据

血色荣光:斯大林格勒战役/石磊主编.—武汉:武汉大学出版社,2014.9
(二战转折史)
ISBN 978-7-307-14426-2

Ⅰ.血… Ⅱ.石… Ⅲ.斯大林格勒保卫战(1942～1943)—通俗读物 Ⅳ.E512.9－49

中国版本图书馆 CIP 数据核字(2014)第 218984 号

责任编辑:聂勇军　　责任校对:鄢春梅　　版式设计:马　佳

出版发行:**武汉大学出版社**　(430072　武昌　珞珈山)
(电子邮件:cbs22@whu.edu.cn　网址:www.wdp.com.cn)
印刷:武汉中科兴业印务有限公司
开本:720×1000　1/16　印张:14.25　字数:198 千字
版次:2014 年 9 月第 1 版　2014 年 9 月第 1 次印刷
ISBN 978-7-307-14426-2　定价:25.00 元

前言

20 世纪三四十年代发生的那场战争，将世界范围内 60% 的国家拖入战车之中，战火遍及亚洲、欧洲、美洲、非洲及大洋洲；战争所带来的血腥杀戮，所造成的巨大破坏，长久渗透在战后人类社会生活的各个方面，给世界人民带来了巨大的灾难，是人类痛苦的总源，这场战争就是第二次世界大战。

战争，是人类矛盾的集中反映，是人类解决矛盾的终极之道。关于战争，有这样一首诗歌：“飘溅的血液，嘶哑的呼喊，钢铁和肉体的碰撞，生命与死神的舞蹈，这就是战争，这就是战场。没有丝毫的犹豫，没有丝毫的退让，每一秒都有生命在流逝，回归天地的怀抱，这是一场没有胜者的竞技，只有黑色的大地见证曾经的惨烈……”诚如诗歌所描述的那样，战争意味着惨烈，战争意味着残酷，战争意味着破坏，战争意味着生离死别，战争意味着胜者为王、败者为寇！可是，尽管战争带来的是摧毁，尽管战争带来的是永别，我们却不得不承认，自从有了战争，它就始终如一道黑色的幽灵，与几千年的人类文明史相伴相随。

第二次世界大战是人类有史以来规模最大的战争，无论是战火波及的区域，直接或间接参与的国家，还是生命财产的损失等，没有其他的战争可与其相比。其所造成的冲击与影响，更是全面而深远，值得我们加以关注、反思。尽管大战结束近70年，物换新移，时过境迁，但它仍以恢宏的气势、深刻的内涵、丰富的底蕴，磁铁般地吸引着中外众多的军事家、历史学家、社会学家去探究和著述。

研究战史离不开战争本身，据历史学家统计，在整个第二次世界大战中，尽管大型战斗不下100次，但真正具有转折意义的战斗则只有5次，即“不列颠空战”——德军二战首败；“中途岛海战”——太平洋战场转折点；“阿拉曼战役”——非洲战场转折点；“斯大林格勒战役”——整个二战转折点；“诺曼底登陆战役”——德国法西斯灭亡，欧洲战事结束。由于此5次战争的重大性，它实际上又与其他大战紧密相连，透彻了解这5次战争，了解这5次转折战的背景、产生、准备、战况、结局，就等于把握住了第二次世界大战的内核，了解了整个战争的来龙去脉及整体走势。正是基于此种考虑，我们特邀请军内外一批学有专长的史学专家撰写了这套《二战转折史》。

本套图书可作为二战的普及读物。考虑到现代人的阅读习惯以及阅读时间，本套图书没有像其他同类图书那样连篇累牍地堆砌各种文字，因铺陈详尽从而堆成一本无法读完的“砖头”，而是去除各种无关人物、无关事件，只聚焦战争中最核心的要素、最精彩的部分，对这5大战争作冷静、客观的分析与思考。书中既有高屋建瓴的大场面描写，也有个性人物的细腻刻画，将整个战争进程以最精练的文字、最适宜的篇幅完美呈献给读者。

以史为鉴，可以知兴替；以人为鉴，可以明得失。此套图书的出版，无疑也是一本国情教育读物。中国是一个多灾多难的国家，中国曾经参加了两次世界大战，但由于国力的弱小，尽管两次都作为战胜国，但并没有获得应有的尊重，没有取得原本属于自己的权益，甚至作为战胜国还要签订丧权辱国的条约。如今，我们迎来了和平建国的时代，对于饱受战争创伤的中华民族来说，没有什么比和平更珍贵的了。然而一个优秀的民族，必定是一个尊重历史的民族，必定是一个懂得反省的民族，二战中14年抗战，对中华民族来说，是永远的国殇，永远的国耻，永远的警钟，永远的反省。它告诉我们一个亘古不变的道理：国力落后就要挨打，放松警惕就要挨打，武备松弛就要挨打！

古人云：国虽大，好战必亡；天下虽安，忘战必危。在第二次世界大战胜利70周年即将来临之际，我社隆重推出此套图书，也是借以提醒一些忘战人士，在当前和平与发展成为时代主题的背景下，战争其实并不遥远，发生战争的危险时刻存在，不珍爱和平是可悲的，但认识不到为了和平必须作好战争的准备更是不可原谅的。只有居安思危，常备不懈，勿忘国耻，有一个强大的实力作后盾，有一个强大的国防，有一支强大的军队，这才是维护和平和发展的最好手段。

历史是一面镜子，本套图书能使读者鉴往知今，同时，也能使读者在阅读本书之时，领悟到“多行不义必自毙”的真正内涵。这也是70年前的那场大战留给你、我、他（国）的最深刻启示。

编　者

2014年9月

目录

第一篇
柏林的明谋

“巴巴罗萨”计划总的战略目的是：在对英国的战争结束以前，以一次快速的战役击溃苏联。该计划的制订者企图以大量坦克部队、摩托化部队及航空部队进行闪电式的突然袭击，分割围歼苏联西部红军主力，尔后向战略纵深发动进攻，攻占列宁格勒、莫斯科和顿巴斯，前进到阿尔汉格尔斯克、伏尔加河、阿斯特拉罕一线，并于1941年入冬前结束战争。

一、暴风雨前夜

1939 年 9 月 1 日，法西斯德国入侵波兰。英法两国政府由于担心德国法西斯军队进而入侵英法两国及其殖民地，便对德国宣战。于是，第二次世界大战开始了。

曾经宣布保障波兰的安全和唆使波兰拒绝苏联援助的英法两国政府，没有做任何事情来给波兰以实际军事支援，更没有对希特勒侵略军采取重大军事行动，它们仍然没有放弃把战场推向苏联的企图。英国、法国和美国的反动势力一个劲地怂恿苏联的邻国——拉脱维亚、爱沙尼亚和立陶宛参加反对苏联的战争。但是，这一阴谋遭到了失败。根据苏联同这些国家达成的协议，苏联军队已进入这些国家境内。苏联军队保卫着波罗的海沿岸国家的西部边界，这些国家的安全因而有了保障。

在保障南波罗的海地区不受突然袭击之后，斯大林就指示外交部开始同芬兰进行接触。虽然芬兰的独立是俄国革命的“赠品”，然而芬兰却是波罗的海各国中最敌视苏联的。早年的民主芬兰已被推翻了，芬兰已成为反苏国际行动的一个前进基地。芬兰统治集团已同德国、英国和法国的反动势力达成幕后交易。与此同时，希特勒还帮助芬兰修建了一个可容纳 2000 架飞机的军用机场，而当时芬兰只有 150 架飞机，显然这是根据该大国的军事意图而修建的。

斯大林知道，上述情况表明芬兰是不会同莫斯科缔结同盟的。但芬兰当时的对外贸易由于英德战争封闭了波罗的海而遭到破坏，为经济萧条所困扰的芬兰要求同苏联贸易，并且想要利用列宁格勒—摩尔曼斯克铁路来外通世界。

芬兰代表团于 10 月 11 日抵达莫斯科。经过艰苦谈判，1940 年 3 月 12 日两国缔结了和约。

在和约条款中，苏联人取得了曼纳海姆防线和汉哥海军基地，从而在陆地和海洋上保卫了通向列宁格勒的通道。这样，当希特勒从蹂躏西欧转向东方的时候，从波罗的海岸的汉哥，直到黑海岸的多瑙河口，这一跨越欧洲的绵长的缓冲地带已经完成了。这对巩固列宁格勒和摩尔曼斯克的安全，改善苏联波罗的海舰队和北方舰队的战略地位，有着重要的意义。

■ 苏军统帅斯大林

苏芬武装冲突解决之后，斯大林对红军的人事制度以及战略战术进行了彻底的改革。朱可夫后来称 1940 年为“大转变的一年”。军官的地位和权威提高了，将军和其他军官以及军士的军衔都得到了恢复。在大清洗中被判刑的 4000 多名军官被召了回来，其中包括罗科索夫斯基、罗特米斯特罗夫和托尔布欣，后来他们都成了苏联的元帅。斯大林对军事条令作了修改，强调的重点放在指挥和纪律上。

斯大林除了放手提拔具有现代军事科学知识的中下级军官外，还着手精心选择他的最高级军事指挥员。从保卫察里津战役那时起，伏罗希洛夫就一直是斯大林的亲密战友，属于革命传统派，但在芬兰战争中已显示出他还没有跟上时代发展的步伐。1940 年 5 月 8 日，铁木辛哥取代了他的国防人民委员的职务。斯大林把伏罗希洛夫安排在别的职位上，因为他是一个令人爱戴、赤胆忠心的人。猛打猛冲的骑兵司令布琼尼未能掌握现代战争，但他和伏罗希洛夫一样仍然受到重用。

1941 年 2 月 1 日，朱可夫就任总参谋长，他在沙皇军队中是一名军士，是在实战中成长起来的指挥官。1939 年他在中蒙边界的哈勒欣河一带，指挥几个装甲师，歼灭日军5万多人，战功显赫。他机智、英勇、果断，在第二次世界大战中不愧为苏联杰出的野战统帅。他和斯大林的关系有时激烈紧张，但他们的关系是建立在相互尊重的基础上的。

提出由朱可夫任总参谋长的，是国防人民委员铁木辛哥。然而，当斯大林把朱可夫召到他的办公室，并扼要地宣布说政治局决定任命他为总参谋长时，朱可夫却大吃一惊。他争辩说，他是个野战军军官，毫无参谋工作经验。斯大林听取了他的申辩后简练地重复道："政治局已经决定任命你了。"他把重音放在"决定"两个字上。当朱可夫明白任何反对都无济于事时，他说："好吧，如果发现我不是一个称职的总参谋长时，我将请求再回部队。"

几个星期以后，铁木辛哥告诉朱可夫，斯大林曾询问他在新的岗位上工作得如何，并且要他亲自去向斯大林汇报。朱可夫忐忑不安。"他可能会向我问些什么呢?""什么都问，"铁木辛哥答道，并补充说，"可是你要记住，他不愿听冗长的报告。你给我讲上几个小时的事，你得在十分钟内给他讲完。""十分钟内我能对他讲些什么呢？这些全是严肃的问题，是要认真考虑的……""你要告诉他的大部分情况他都知道，"铁木辛哥说，"因此你就集中讲讲关键问题吧。"。

斯大林是个事必躬亲的领导者，对大事尤为注意，凡有关加强武装部队的各项工作，从挑选高级军官到实现机械化的计划，特别是采用T-34式坦克和新式火箭炮（喀秋莎）等，斯大林都没有依靠政治局、总军事委员会或其他机构的正式提议。他重视直接的个人接触和有关方面负责人提供的第一手材料。他在孔策沃的别墅里，经常同铁木辛哥、朱可夫、伏罗希洛夫、麦赫利斯等人讨论到深夜。

一个星期六的晚上，朱可夫随身带了一份准备汇报的问题清单，应邀来到斯大林的别墅。铁木辛哥元帅和库利克元帅早已在那里，在场的还有几位政治局委员。斯大林同他打过招呼之后，随即问道："你见过火箭炮喀秋莎没有?"

"只听说过，但没有见到。"

“哦，那你应当同铁木辛哥、库利克和阿博连科夫去靶场看一看火箭炮射击。现在就请你向我们谈谈总参谋部的工作吧。”

朱可夫把向铁木辛哥报告过的东西简要地重述了一遍，然后说，鉴于复杂的军事和政治形势，必须采取紧急措施，及时克服西部边境防御和军队中存在的缺点。

“怎么，你认为我们很快就要同德国人打仗吗？”莫洛托夫元帅突然打断他的话说。

“等一等，等一等……”斯大林阻止莫洛托夫。

斯大林听完报告以后，请所有的人进餐。中断了的谈话又继续进行。斯大林问朱可夫对德国空军有什么看法。这位新任总参谋长说：“德国人有一支不错的空军。他们的飞行人员在同陆军协同作战方面受过很好的实际锻炼。至于飞机，我们的新式歼击机和轰炸机丝毫不比德国的差，甚至还要好一些，可惜的是这种飞机太少了。”随后他们又就红军的装备、训练等问题进一步交换了意见。

据朱可夫回忆，这顿晚餐很简单，第一道是乌克兰浓汤，第二道是烧得很考究的荞麦米饭和很多熟肉，第三道是煮水果和新鲜水果。斯大林兴致很高，有说有笑，喝着一种格鲁吉亚淡酒，并用这种酒招待客人，但多数人却宁愿喝白兰地。

末了，斯大林说，应当认真研究一下那些最急迫的问题，尤其是武装部队的训练和装备问题，要迅速提交政府做出决定。但是，应当依据我们现实的可能性，而不要去空想那些我们的物质条件暂时还不允许的东西。

1940 年春夏两季，德国部队对西方的闪电式进攻加剧了苏联战备的紧迫性。希特勒继占领挪威和丹麦之后，又于 5 月侵入荷兰和比利时。英国军队从敦刻尔克撤退。但是，使苏联人感到最震惊的还是法国的一败涂地。德军于 6 月 14 日占领了巴黎。斯大林原以为法国军队有马其诺防线作掩护是安全的，拥有绰绰有余的力量顶住德国人。现在大家的注意力都集中在丘吉尔领导下的英国身上了。苏联人的心情是复杂的，除了赞赏英国单枪匹马地反对德、意的立场外，普遍担心英国会同德国媾和，使希特勒得以腾出手来攻打东方。

就在这紧张的时刻，斯大林决定组建新机械化军、坦克师和摩托化师以及反坦克部队。按照计划，要装备齐这些新建的机械化部队，仅新式坦克就需要 1.66 万辆，总共需要坦克 3.2 万辆左右。一年之内要生产这么多坦克实际是办不到的，为此，斯大林号召加紧生产，延长工作时间。他说："只有平时多流汗，战时才能少流血!"

大约就在这时，斯大林要副国防人民委员沙波什尼科夫，就德国入侵可能采用什么计划，起草一份全面的参谋报告。在 1940 年 9 月政治局会议上，斯大林否定了这份报告。沙波什尼科夫认为，德国的主攻方向将在波罗的海和普里皮亚特沼泽地之间，针对着斯摩棱斯克和莫斯科。斯大林仔细听取了这一汇报，并几次走到地图前，然后不以为然地说："我不明白总参谋部为什么拟订了把兵力集中到西部方向的方针。有一种说法认为，希特勒将沿最短的路线对莫斯科实施主要打击。但是，我认为，对德国人来说特别重要的是乌克兰的粮食和顿巴斯的煤。没有这些最重要的资源，德国法西斯就不可能进行长期的大规模战争。希特勒已在巴尔干站稳了脚跟，看来他将准备对西南方向实施主要突击。"

当时斯大林在苏联全党全军中享有崇高的威望，没有人敢怀疑斯大林的意见和他对形势的分析。但是，斯大林在判断敌人的主要突击方向上犯了错误。由于这一错误，不得不在战争的前些日子里，把早先集中在乌克兰和后来调往那里的第十九集团军全部和第十六集团军的许多部队和兵团，大约一百个师转移到西南方向，对战争初期的发展产生了极为不利的影响。

1941 年春天修订作战计划时，对于现代战争初期的作战特点也缺乏充分考虑。当时苏联总参谋部认为，像德国和苏联这样的大国之间的战争，应该还像以前那样开始：先在边境交战几天以后，双方主力才进入交战。他们对希特勒的"闪电突击"和雄厚的人力、物力估计不足，并认为敌人兵力在集中和展开的时间方面，也会像苏方一样。事实上，无论是兵力还是战争条件两者都相差悬殊。

战争前夕，德国同被它占领的国家一起，生产钢 3180 万吨，煤6.964亿吨。苏联钢产量为1830万吨，煤产量1.659亿吨。德国的弱点在石油开采方面，但由于从罗马尼亚输入石油，依靠已建立的储备和合成油料的生产，从而得到某种程度的弥补。

德国拥有了强大的军事经济潜力，在较短的时间内建成300个以上的大军事工厂，军事生产1940年比1939年增加了2/3，比1932年增加21倍。1941年德国工业生产了1.1万多架飞机，5200辆坦克和装甲车，7000多门75毫米以上口径的大炮，170多万支步枪和自动枪。此外还有掠夺来的大量武器，以及仆从国和被占领国的各种武器。

截至1941年6月，德国军队比1940年增加了355万人，总数达到850万人，即214个师。而苏联到6月，连同征召的补充兵员在内，共有500多万人。希特勒认为，进攻苏联的有利时刻来到了。

1941年3月底，苏联政府已经获悉，日本外务大臣松冈洋右在柏林与法西斯德国的里宾特洛甫和军界首脑进行了极为秘密的谈判。他们谈判的内容，莫斯科是不难猜到的。希特勒试图建立德日联盟，形成对苏联的军事包围。这实际上意味着苏联必须进行两线作战。

因此，保卫苏联的远东安全就成了一个特别重要的问题。为了延缓战争爆发的时间，争取避免两面作战，在松冈途经莫斯科时，经过多次谈判，苏日双方签订了“中立条约”。在庆祝签字的宴会上，松冈向斯大林敬酒时，故弄玄虚，说了一些其他外交官不可能说的话。“条约已经签订了，”他脱口而出，“我不说谎，如果我说谎，我把脑袋给你。如果你说谎，那我一定会来取你的脑袋。”斯大林冷冷地反驳说：“对我国来说，我的头是重要的，你的脑袋对你们的国家也是重要的。所以，我们都小心地让脑袋长在肩膀上吧！”这番话弄得松冈很尴尬。

为了教训一下这个狂妄的日本人，斯大林特地给朱可夫打电话说：“日本外务大臣松冈洋右访问德国回国途经这里，你要亲切地接待他。”“亲切”这两个字说得特别重。

“有什么指示？”

“松冈只想同你认识认识。”

显然，松冈洋右对哈勒欣河事件记忆犹新。过了几天，国防人民委员部外事处主任陪着松冈前来拜访，一进门松冈就向主人深深地一鞠躬。朱可夫按照斯大林的指示，“亲切”地欢迎他，问候他的健康，旅途是否劳累。松冈含糊地回答说：“我喜欢长途旅行，我是第一次到欧洲，你去过欧洲各国吗？”

朱可夫回答说：“很遗憾，没有去过，在方便的时候，一定设法去。我读了很多有关德国、意大利和英国的书，但是，即使一本最好的书也不能使人了解一个国家的全貌。只有亲身访问和接触一个国家，才能更好地了解它，了解它的人民、风俗和习惯。”

谈话一直在这种“友好”气氛中进行，自始至终未涉及尖锐的政治问题。松冈给朱可夫的印象是狡猾诡诈，不愿开诚布公地交谈。可以看出，他宁愿多听，而不愿多说。会见后，朱可夫立即打电话向斯大林报告了会见的情况和对松冈洋右的印象。斯大林对这次会见很满意，最后他说：“日本政府同意签订中立条约了。”

苏日中立条约于1941年4月13日签订，条约为期5年。条约规定：“双方应维持两国间的和平友好关系，并且相互尊重领土完整和不可侵犯。”条约指出，缔约一方成为第三国或第三国家集团的军事行动对象时，缔约另一方应中立。苏联政府知道，苏日中立条约能减少日本进攻苏联并迫使它两线作战的危险，但不能完全保证法西斯德国的盟国——日本军国主义遵守所签订的条约。因此，在卫国战争期间，斯大林不得不在远东保持大量的兵力。由于国际形势复杂多变，这个条约使苏联赢得了一些喘息时间。

虽然在1941年的头几个月里，苏德在形式上还保持着正常关系，但却日益紧张起来。3月，保加利亚加入了轴心国，南斯拉夫也同意加入。面对日益紧张的局势，5月5日，斯大林在克里姆林宫向几百名刚从军事学院毕业的年轻军官发表了重要讲话。他强调了红军建设中实现现代化和更新装备的重要性。他提醒他们说，局势很严重，不能排除德国在不久的将来发动进攻的可能性。他坦率地告诉他们，红军还不够强大，还不能轻而易举地粉碎德军，红军仍然缺少现代化的坦克、飞机和其他装备，红军的官兵们仍在训练的过程中。苏联政府正努力通过外交和其他办法把德国人拖到秋季，冬天的到来会把德国人的进攻推迟到1942年。如果苏联的策略获得成功，那么同纳粹德国的战争几乎必然会在1942年发生，但这就会赢得几个月的宝贵时间。“从现在起到8月份”是最危险的一段时间。

这次会议之后，苏联有意做出“亲善”的外交姿态，继续煞费苦心地防止任何像是挑衅的行动。1941年6月14日，苏联塔斯社授权发表了一项只能是麻痹自己的声明，进一步强调了同德国的“友好关系”，说德国“和苏联一样坚定不移地恪守苏德互不侵犯条约的条款”，并且否认从伦敦散布出来的“两国在近期会爆发战争的谣言”。柏林方面对这些声明置若罔闻，因为希特勒已经下定决心实施他的“巴巴罗萨”作战计划。在入侵苏联的前一天晚上，希特勒给墨索里尼写了一封《关于消灭俄罗斯的计划》的密信，他在信中写道：“当我做出了这一决定后，内心感到我又获得了自由。”

在这些日子里，克里姆林宫的空气异常紧张，斯大林承受着很大的压力。他清楚地知道，同法西斯德国这样一个有经验的强大敌人作战，将给苏联人民带来多么深重的灾难，所以他竭尽全力争取时间，加强战备，尽量防止战争在1941年爆发，但是能否获得成功，他没有把握。这时，各种各样的相互矛盾的情报和谣传送到他面前。德国的参谋长于1941年2月15日发布了一项《用假情报迷惑敌人的特别训令》，以掩盖“巴巴罗萨”作战计划。传出的假情报说，“德国军队在东线的调动，原属于历史上最大的迷惑演习，旨在分散人们对入侵英国的最后准备工作的注意”。毫无疑问，斯大林也受到了这种假情报的影响。他不相信希特勒会孤注一掷，背离俾斯麦的东方政策的传统，即“德国在西方进行战事时，应该避免对俄国的战争”。

1941年4月初，丘吉尔给斯大林发来一份亲启电报，提醒他注意德国军队的调动和德国即将向苏联发动进攻的可能。此后，英国方面于6月18日向苏联驻伦敦大使发出紧急警报。苏联驻柏林大使馆的报告以及苏联在日本的杰出的情报人员理查德·佐尔格的报告，都提到了德国入侵苏联的确切日期。斯大林对这些报告均持怀疑态度。他仍然极不信任英国，他既不信任张伯伦，也不相信丘吉尔。在外国武装干涉期间，丘吉尔对苏联的所作所为，给他留下了极为深刻的印象。斯大林认为，英国及其他西方国家的政府正竭尽全力怂恿德国对苏联作战，认为它们正处在严重军事危机之下，为了避免本身覆灭，非常希望德国进攻苏联。尤其是希特勒的副手鲁道夫·赫斯于1941年5月11日飞往苏格兰，这更加剧了斯大林对英国秘密外交活动的怀疑。

斯大林对希特勒过分小心谨慎，总希望推迟战争爆发，最后只能是适得其反。对德国无数次破坏已签署的协议未作应有的反应，纵容了一天天变得蛮横无理的希特勒，使他相信苏联软弱。甚至到了最后时刻，即德国军事机器准备对苏联实施致命打击的时候，斯大林仍幻想不要发生可怕的冲突。但是，柏林已做出了决定：使用外交语言的时代已经结束了。

6月21日夜间，朱可夫从基辅打来的电话里获悉，一名德军司务长越过了防线对苏联指挥员说，德国军队将在次日凌晨发动进攻。朱可夫立即向斯大林和铁木辛哥作了汇报。“也许这是德国将领们把这个逃兵送来，是为了挑起冲突吧！”这是斯大林的第一个反应。“不，我们认为逃兵说的是实话。”总参谋长坚定地说。随后政治局委员们都来了，经过审慎的讨论和研究，斯大林才最后同意发出这样一项命令：命令列宁格勒、波罗的海、西部、基辅和敖德萨各军区的前线部队，立即作好战备，准备抗击德国可能发动的突然袭击，但时间已经晚了。

斯大林作了这样的处理后，拖着疲惫的身子刚想在卧室的沙发上休息一下，突然有人敲门。门声刺痛了他的心：任何时候都不曾有人这样唤醒他，也许发生了最坏的事情，难道战争爆发了？斯大林勒紧睡衣走了出来，卫士长向他报告说，朱可夫有急事打来电话了。随后，总参谋长在电话里向他报告了德军空袭基辅、明斯克等城市的情况。这一切表明，他最不愿发生的事情——战争终于爆发了，时间是1941年6月22日凌晨4时。只见他拿着听筒沉沉地叹了口气，然后粗声粗气地骂道：“希特勒这个大流氓!”

他终于明白了，事实证明他对战争的判断错了，而这一错误的代价却是巨大的。

二、“巴巴罗萨”计划

尽管是一年中最短的一夜，但是对聚集在苏联边界的德国部队来说，等待 1941 年 6 月 22 日星期天黎明的到来似乎显得遥不可及。前一天晚上，阿道夫·希特勒在布置任务的命令中第一次称他们为“东线战士”，他们即将入侵世界上最大的国家。沿着波罗的海和黑海之间蜿蜒曲折的 1350 英里边界线，他们满怀期待地隐蔽在树林、麦田和草地里。很快，东方的天空露出第一线曙光时，重炮的火光和轰鸣宣布“巴巴罗萨”行动开始。

“整个世界将会屏息凝神”，希特勒毫不夸张地说。以前从来没有一个国家组织如此大规模的部队发动一次军事行动。300 多万人部署在俄国的西部边境，他们拥有 3000 辆坦克、60 万辆车辆、7000 门大炮、2770 架飞机和 62.5 万匹马。这就是强大的德国军队，在不到两年的时间席卷波兰、挪威、丹麦、荷兰、比利时、卢森堡、法国、南斯拉夫和希腊，取得了辉煌的胜利。

但是，这次最新行动的重要性超出了以往。苏联占有全球陆地面积的 1/6 多，有大约 2 亿人口——是德国人口的两倍——而且气候和地形相差悬殊。因此，希特勒和最高统帅部的绝大多数人预期这是一次短期行动。他们认为“巴巴罗萨”行动将不会超过 10 个星期。他们对夏天能迅速取得胜利信心十足，以致策划者们只给 1/3 的入侵部队提供了冬装。

士兵们受一系列胜利的鼓舞，有充足的理由分享领袖们的自信。现代军事史上最大和最血腥的战争开始前，时间一分一秒地流逝，没有睡觉的士兵们成群地用从法国运来的特别定量配给的白兰地和香槟葡萄酒预祝这次新战争的成功。士兵们没有考虑过 129 年前发生的事情，几乎在同一天，拿破仑注定失败的军团越过涅曼河向莫斯科挺进。

■ 纳粹头子希特勒

希特勒入侵苏联的决定直接来源于国家社会主义理论的三个主要部分：种族、空间和反共产主义。希特勒和他的党毫不隐瞒对斯拉夫人的蔑视，他把他们同犹太人一起称为劣等民族，把布尔什维克主义等同于犹太复国主义。他说，斯拉夫人是“害虫”和“劣等民族”，必须为雅利安统治民族服务。但是，种族和意识形态只是希特勒理论的一部分，从纳粹主义最早时期开始，希特勒一直关注东方，欲为德国人民寻找“生存空间”。“今天如果我们说起欧洲的新土地，我们最先想到的只有俄国和它周边的属国，”他在《我的奋斗》里写道，“命运本身在这里似乎急于给予我们一种暗示。”

希特勒对于东方的命运观贯穿了他整个战争战略。1939 年 9 月 1 日入侵波兰，这是他向东扩张的第一个重要步骤。为了确保胜利，他已经同苏联签订了一个互不侵犯条约，这种东线的和平保证达到了希特勒的目的，德国军队入侵斯堪的纳维亚半岛和法国时，德国后方安全得到了保障。一旦他的西翼安全了，那时他的计划将会再次转向东方。同俄国的协定“只意味着拖延时间”，希特勒私下里对他的核心圈成员说：“我们将摧毁苏联。”

1940 年 7 月 21 日，占领法国还不到一个月，希特勒命令他的军队首领们准备入侵苏联，进攻不能晚于下一个春季。他为进攻苏联提出了两个理由：一是苏联有首先发动进攻德国的战争的危险。当德国军队都在西欧作战时，苏联表现得富有侵略性。1940 年 6 月期间，苏联占领了爱沙尼亚、拉脱维亚和立陶宛 3 个波罗的海国家并占领了罗马尼亚东部省份比萨拉比亚，在互不侵犯条约中希特勒承认这些都属于俄国的势力范围。当时贪婪的俄国人还夺取了更多的地方。

希特勒说出的另一个入侵苏联的理由同大不列颠有关。英国人已经被驱逐出欧洲大陆，但是还没有被征服，希特勒认为英国人寄希望于俄国的干涉，所以正坚持抵抗。“俄国，”他说，“是英国在欧洲大陆的利剑。”一旦俄国被打败，这位德国领袖认为英国也会屈服。

1940 年下半年，两个参谋机构——德国最高统帅部和陆军司令部都制订了进攻俄国的计划。两个计划的确有许多相同之处。两个计划都要求实施同“闪电战”一样的快速装甲部队打击，“闪电战”在进攻波兰和法国的战役中证明是成功的，这些打击目的在于趁苏联军队尚未撤退到相对安全的内地之前，包围苏联军队的大部分部队。

德国人计划只占领俄国的西部。最终，德军将越过边界推进大约 1200 英里就停止战斗，这条战线将从白海的阿尔汉格尔向南直到里海的阿斯特拉罕。越过这条目标线就是宽广无垠的亚洲，德国人视亚洲为一块荒芜的废土，认为不值得去占领。

两个参谋机构在此次入侵的战略目标的问题上尖锐对立。这些分歧转化为希特勒同陆军总司令部总参谋长弗朗茨·哈尔德将军个人之间的争执。希特勒倾向德国最高统帅部参谋提出的进攻模式：一个南部集群经过乌克兰打到基辅并向前推进；一个中央集群直插苏联的加盟共和国白俄罗斯，白俄罗斯位于通往莫斯科的战略要道上。

基于众多原因，希特勒被两个侧翼进攻的计划所吸引。北部的进攻将能确保波罗的海重要港口的安全并攻取列宁格勒，该市是一个重要的经济中心，希特勒非常憎恨列宁格勒，把它视为布尔什维克主义的哲学思想发源地。南部的进攻将会占领苏联的“面包”——乌克兰，并越过乌克兰占领煤矿丰富的工业基地顿涅茨盆地。当然，两翼的顺利进攻也能为攻打苏联首都提供保护。

占领莫斯科本身，希特勒告诉他的将军们，“并不十分重要”。总之，他指出，1812 年拿破仑在莫斯科失败，“只因完全僵化的脑子，装满了过去几百年的思想”。

尽管希特勒把莫斯科摆在次重要的地位，但是哈尔德将军支持的战略却将莫斯科放在核心地位。56 岁的哈尔德是一位继承了普鲁士传统的总参谋长，他用狡猾而冰冷的逻辑推理捍卫陆军的特权，即使这意味着同元首发生争执。表情严肃、举止专业化——希特勒曾经称他为一个“老万事通”——他提出了至少 3 种入侵可能性供研究。从这些研究中，他得出结论，莫斯科必须是德国侵略苏联的首要目标。

哈尔德和他的上级——陆军总司令瓦尔特·冯·布劳希奇陆军元帅都认为占领莫斯科将不仅使苏联失去政府所在地，而且使苏联失去一个主要的军火中心和通信中心。按照他们的观点，仅仅失去首都的威胁就会迫使红军集中兵力保卫莫斯科，这就给入侵者一个良机去包围和歼灭他们。

希特勒为这次行动取了一个具有历史意义的名字，他称这一次行动为“巴巴罗萨”——12 世纪德国皇帝腓烈特一世的绰号，他在同斯拉夫人的战争中取得胜利，并死于一次攻打圣地的十字军东征中。

“巴巴罗萨”计划要求三个集团军群向列宁格勒、莫斯科和基辅进攻。但是，莫斯科仍是次重要目标。就在中央集团军群抵达斯摩棱斯克东部地区时，即从边境到莫斯科距离的约三分之二处，中央集团军群将装甲部队转向北部协助清除波罗的海地区以及开向南部以确保乌克兰地区的胜利。命令中有这样一段话：“只有在完成这个第一重要的任务后，必须包括占领列宁格勒等大城市，旨在占领莫斯科的进攻才能继续。”希特勒心里是这么决定的，但是哈尔德却并不这么认为。他和希特勒之间的分歧——以及陆军总司令部和德国最高统帅部参谋之间——引发了又一次关于战略目标的争论，这对德国军队产生了决定性的影响。

早在“巴巴罗萨”计划的起草阶段，陆军总司令部弗雷德里希·冯·保卢斯少将进行了地图演习和其他战争演习，发现这个野心勃勃的计划有许多潜在的问题。德国军队习惯于在中欧和西欧这些相对有限的区域作战。在俄国，他们将不得不进行大范围作战。

入侵战争进行时，德国在俄国的战线不得不像漏斗一样从德苏西部边界扩展到宽达2000多英里。保卢斯的研究显示，入侵战争开始后，300多万人的军队将很快散布得异常单薄。

对待一个领土如此辽阔的国家，陆军必须制定与以往不同的闪电战术。装甲先头部队会迅速超越步兵，中间留下宽广而脆弱的空间。当先头部队更进一步深入腹地时，后勤补给将变得非常关键。俄国没有什么坚固的公路，仅有的几条东西铁路绝大部分只有单行线，并且都是德国和中欧火车不能使用的宽轨铁路。

该计划成功的先决条件是：德国在作战人员素质、装备、指挥艺术和战术上对俄国存在一个决定性的优势。单就士兵人数来说，双方基本一样。德国军队动员了330万地面部队——大约是德国850万全部兵力的39%；红军大约有340万地面部队。德国人知道敌人拥有庞大的战争机器。德国情报机构显示苏联可以集中1.2万架飞机和2.27万辆坦克对抗德军部署在俄国的2770架飞机和3300辆坦克。但是苏联这些战争机器绝大部分非常陈旧，在现代战争中毫无用处。大部分飞机缺乏无线电设备，飞行员不得不靠摇动机翼来传送信号，而且，红军仍保留着十多个骑兵师。

德国人也知道苏联缺乏有经验的军事指挥官。斯大林发动的1937年的政治清洗运动摧毁了军官团体。据估计有3万名陆军和海军军官被处决，包括90%的将军和80%的校级军官。

俄国这些显而易见的缺陷导致希特勒和他的计划制订者们低估了他们敌人的军事潜力。帝国的情报人员无法渗入稳固的苏联内部，他们没有能够提供足够的地形图，更不用说未来武器生产的准确估算。德国人不知道，许多新工业基地在乌拉尔山脉和苏联亚洲部分的远东地区兴建起来。苏联红军能够从几乎无限的人力后备资源里招募新兵：1700万苏联男性达到参军年龄。

与此同时，德国人过高估计了自己的力量。最近的一系列胜利滋生出的优越感造成他们忽视了战争机器上的许多问题。陆军仍然主要依靠徒步行进的步兵并严重依赖马匹运送大炮和补给。

装甲师的攻击力量没有看上去那么强大。自从击败法国后，希特勒一直在成倍地增加坦克师的数量，从10个增加到20个，其中大多数是通过把本该分配给各师的坦克数量砍掉一半这种政策组建起来的。这就使每个师大约减少了160辆坦克。现在的坦克师只不过由先前的Ⅲ型坦克、Ⅳ型坦克和轻型捷克坦克混编组成；轻型的Ⅰ型和Ⅱ型坦克仅限于执行侦察任务或被拆掉做底盘用，下一代坦克仍处在试验阶段。事实上，苏联的坦克发展已经领先于德国。1941年春，当时希特勒还装出友好姿态，允许一个俄国军事考察团参观他的坦克工厂。苏联官员们难以相信Ⅳ型坦克是德国最重型的坦克，他们知道在苏联国内的生产线已经开始生产更快捷和更重型的坦克了。

希特勒和他的许多将军们自信能够迅速获得胜利，以致根本没有认真考虑轴心国伙伴日本的协助，日本多年来一直同苏联关系不和，虽然来自东方的进攻将会分散苏联的力量，但是希特勒甚至没有通知日本人他的侵略企图。“我们只需一踹门，”希特勒向他的一名将军夸口，“那么整个腐朽的建筑将会倒塌。”

从上一个冬季到1941年春天，德国人在东普鲁士、波兰和罗马尼亚大量部署部队。大约1.7万辆火车载着人员和装备开向东方。4月份，集结部队的一部分被临时调往南方，参加对南斯拉夫和希腊的短暂军事进攻。但是，这次调动没有严重影响对苏联发动的进攻。最初计划5月下旬发起进攻，后来“巴巴罗萨”行动因故不得不推迟了大约五个星期。这次延迟的主要原因是新组建的装甲师和摩托化步兵师缺少车辆，以及东欧地区春季大洪水使边界河流难以逾越。

向东调动大军没有能躲开苏联领导人斯大林的注意。尽管德国人设计了一个假相，向西调动了许多二线师似乎准备入侵英国，但是斯大林没有上当。到1940年12月底，俄国驻柏林武官收到一封匿名信，信中有一个星期前发布的“巴巴罗萨”命令的详细内容。在接下来的几个月里，苏联收到10多次警告。整个春天，德国武装侦察巡逻队和装有特殊设备的高空间谍飞机频繁越过边界，这引起了俄国人的警惕。

斯大林似乎忽视了种种德国即将入侵的迹象，他没有说过一个字以表示公开抗议，也禁止政府控制的新闻媒体讨论这些事情，并且没有表现出要动员他的武装部队的意思。俄国领袖显然认为希特勒除非被激怒，在没有发出某种最后通牒前不会挑起战争。为了安抚希特勒，斯大林甚至继续按照同德国达成的一项贸易协定用船向德国运输谷物和其他物资。

斯大林竭力想为他的武装部队赢得时间。红军正在进行一个现代化革新计划以弥补芬兰战争期间暴露出来的许多不足之处。同时，刚被任命为最高统帅部参谋长的朱可夫将军正在加速完成他全面防御的计划。朱可夫的计划是对 1930 年代制定的苏联进攻战略的改进，没有在边境附近部署大量的防御部队，而是在 150 多英里的纵深建立 3 条连续的防线。朱可夫希望这 3 个防区能够钳制德国装甲部队的进攻，以便使最后梯队，即战略预备部队，组织一次决定性的反击。

春季末期，沿边界部署的德国入侵部队人数超过了苏联第一条防线（据估计为 100 万人），比例高达 3∶1。德军由 150 个师组成，其中 19 个是装甲师，以及 14 个摩托化步兵师。入侵者的主要目标是通过坦克向纵深进攻包围苏联红军，并在边界与由德维纳河和第聂伯河形成的南北走向的战线之间歼灭红军，这个区域向东伸展大约有 300 英里。

按照计划，在 6 月的侵略战争中入侵部队分为 3 个集团军群。北方集团军群规模最小，它的 31 个师向东北移动，从东普鲁士进入拉脱维亚，清除波罗的海国家，并占领列宁格勒。芬兰将提供援助，在德国入侵后的两个半星期以 14 个师的兵力从北方发起进攻。中央集团军群规模最大，它的 57 个师将进攻普立伯特沼泽北部，这个集团军群的两个平行纵队向东插入白俄罗斯，进攻斯摩棱斯克和莫斯科。南方集团军群由 48 个师组成，被分为两个庞大的独立侧翼部队。强大的北翼部队沿着普立伯特沼泽南部边缘向东进攻乌克兰，它的目标是第聂伯河和基辅城。规模相对较小的南翼部队由 6 个德国师和约 20 万人的罗马尼亚部队组成，于 7 月 1 日越过罗马尼亚边界发起进攻。这样，除了陆军总司令部的 14 个战略预备师以外，所有部队在头两个星期内都投入作战。

“巴巴罗萨”行动按照计划于 6 月 22 日凌晨 4 时刚过就开始

了。夜幕开始撤去时，成千上万门德国火炮立刻喷发出令人恐惧的掩护炮火。上百架轰炸机闪电般越过边界线攻击边境以东200英里的苏联机场和部队集结地。然后坦克开始进攻，坦克两侧悬挂着口粮包和附加油料液体罐。

库佐奥·马拉帕蒂是南方集团军群的意大利随军记者，他描写了攻击最初几小时的景象："坦克的排气管喷出蓝色的烟舌。空气中弥漫着刺鼻的气体，硝烟的浅蓝色混杂在草地潮湿的绿色和玉米地的金色反光中。呼啸而过的"施图卡"轰炸机编队下面，坦克机动部队犹如在摩尔多瓦平原的辽阔石板上用一支铅笔画出的一条条细线。"

许多坦克先头部队和紧随后面的步兵部队不得不越过险峻的天然障碍。在中部，他们面对布格河，布格河自从1939年起就成为苏联和德国占领的波兰的界河。乘坐橡皮艇的步兵冒着苏联的炮火占领了对岸，并让作战工程兵部队修建了浮桥。步行和乘坐摩托车的进攻部队在苏联红军反击前，穿过现有的桥梁突然袭击防御部队并使他们的炮火攻击能力完全瘫痪。攻击的突然性令苏联红军的前沿部队措手不及，德国人完好无损地占领了布格河沿岸的每一座重要桥梁。

当装甲部队从波罗的海到喀尔巴阡山脉冲破敌人的防线时，德国空军开始了它的空中打击。首要目标是德国高空侦察机拍摄下的前沿机场。德国飞行员非常高兴地发现地面机场的景象同他们研究过的和平时期的照片惊人的一致。"我们简直不敢相信自己的眼睛，"在利沃夫地区驾驶109战斗机的汉斯·冯·哈恩上尉汇报，"一排排的侦察机、轰炸机和战斗机像是检阅一样排列成行。"

德国的破坏炸弹摧毁了这些机场。四磅重的轻型导弹飞散出的被称为"魔鬼蛋"的钢片炸坏了停泊着的一排排飞机。在布列斯特—里托夫斯克附近的一个基地，"魔鬼蛋"迅速摧毁了企图起飞的一个中队的苏联战机。奋力飞上天空的陈旧敞舱I-16战斗机也被德国的"梅塞施密特"战斗机打成碎片。笨重的苏联轰炸机在没有护航的情况下勇敢起飞轰炸入侵之敌，但被众多的德国战机击落。德国空军元帅艾尔伯特·凯瑟林形容击落它们的战斗为"屠杀婴儿”。

入侵当天到夜幕降临时，德国空军至少摧毁了1800架苏联飞机，它们中一半以上的飞机是在地面上被消灭的。由空军掩护的装甲先头部队已冲破所有的防线，成千上万的苏联士兵成为战俘，十几个也许更多的苏联师被打散或打退。只有在南线德国人遇到一些有组织的抵抗，斯大林把绝大多数部队部署在那里，错误地判断德国的主要进攻方向是乌克兰的农业和工业目标。

德国空军破坏了红军主要依赖的电话和电报联络，并且因此导致苏联最高统帅部出现指挥混乱。朱可夫将军希望他的多层防线的第一道能逐步后撤，为后续防线赢得时间。他没料到德国人发起的进攻是如此迅猛，打击是如此沉重。斯大林也被德军毁灭性的突破所震惊，以致德军进攻开始了4个小时他都没有发布反攻的命令。

在柏林，希特勒得知惊人战绩后异常兴奋。在入侵的前一天晚上，他写信给意大利的伙伴墨索里尼，第一次告诉他即将开始的进攻，并且表示在感觉“精神上自由”后心情很愉快——从德国同苏联22个月结盟的“痛苦折磨中解脱出来”。6月24日，入侵后两天，希特勒乘火车到达他的新总部，他称为“狼穴”，位于东普鲁士的腊斯登堡附近。那里，在茂密森林深处建造了许多木制营房和混凝土房屋，希特勒开玩笑说那里的蚊子太大，他不得不要求德国空军的支援。

由威廉·里特·冯·李布元帅指挥的北方集团军群向列宁格勒进发。他的第4装甲集群，侧翼在两个步兵军的掩护下，越过了梅默尔河。在左翼，第18集团军沿波罗的海海岸进军，直捣拉脱维亚的老首府和海港里加；在右翼，第16集团军通过保持同中央集群的联系对它的侧翼提供保护。在中间，第56装甲军在入侵当天快速挺进50英里并占领通往波罗的海沿岸腹地的门户。

尽管这支装甲部队只遇到零星的抵抗，但第4装甲集群的另一个军在前进的道路上却遇到了惊人的抵抗。6月23日晚上，在拉塞尼埃村附近，第41装甲军遭遇到300多辆苏军坦克。这些坦克许多是重型坦克，大部分德国人对它们的性能一无所知。这种坦克叫作克利门特·伏罗希洛夫或简称为KV，是以十月革命一位英雄的名字命名的，这些巨兽在许多方面比德军的坦克性能优越，它重50多吨，装甲比德国坦克厚两到三倍，但是最高时速只比德国坦克慢几英里。

坦克大战经历了两天多的时间，苏联坦克抵挡住了反坦克炮弹以及德国坦克上55毫米和75毫米加农炮炮弹。一辆苏军坦克挨了70多发炮弹，但没有一发炮弹打穿它厚厚的装甲。德国坦克首先通过攻击脆弱的履带使一些俄国坦克失去了机动性，然后利用炮火近距离猛轰这些不能动弹的巨兽。战斗工兵徒步用炸药包攻击其他的坦克。最终，6月26日早上，这个军的司令官、参加法国“闪电战”的老将汉斯·赖因哈特中将给苏联红军的坦克部队上了一堂战术课。一个师在前线坚守，另一个师从侧翼发起反击，迫使苏军的坦克进入一块沼泽地。苏联人在发动正面攻击时步调不一致，缺乏作战经验，损失了将近200辆坦克。

在同一天早上，第56装甲军进一步向东北方极为重要的目标快速挺进。这个军由艾里奇·冯·曼施坦因中将指挥，他是一名优秀的战略家，曾于1940年帮助制订了侵略法国的计划。每当他的部下畏缩不前时，他就在指挥坦克上高喊“继续前进！继续前进！”，他指挥他的坦克部队在四天里前进了200英里并消灭了70辆苏军坦克。这次攻击的目标是德维纳河以及位于拉脱维亚陶格夫匹尔斯城的几座桥梁，该城市是列宁格勒和边界之间的一个重要铁路交通中心，一旦占领了250米长的公路桥和铁路桥，曼施坦因就打开了通往列宁格勒的道路并切断道加瓦河以南苏联军队的进攻道路。

曼施坦因在离桥四英里的地方停下他的坦克部队，此时计谋代替了速度。为了避免惊动苏联人，使他们来不及炸掉桥，他派了大约20多名勃兰登堡团的士兵，这是一支专门受训执行此类任务的突击队。伪装成受伤的红军战士，勃兰登堡战士乘坐四辆缴获的苏军卡车，由会说俄语的德国人驾驶，并且还穿着苏军制服。他们非常顺利地混入苏联军队的车队里，路边的苏军士兵还向他们挥手并相互问候。

快到河边时，车队分开了，一辆卡车向铁路桥开去。苏军哨兵识破了他们的诡计并开火后，他们不得不投入战斗。勃兰登堡士兵切断了桥上爆破装置的电线，尽管一个炸药包意外地爆炸了，但只造成很小的损失。另外三辆卡车上他们的同伴攻击公路桥。他们压死了正在同第一辆卡车交火的一名哨兵，快速拆除了安放在桥墩远端的炸药，并且打死了其余的哨兵。

这些勃兰登堡士兵不久就为他们的冒险行动付出了代价，苏军士兵从桥的两端冲了上来，包括指挥官沃尔夫莱曼·克纳克中尉在内的6名德国人被打死，其余许多人负伤。德军增援部队及时赶到救出了这些幸存者，并完整地占领了这两座桥。不久，曼施坦因的装甲部队轰鸣地开到河对岸并击溃了增援的俄国人。勃兰登堡士兵在距列宁格勒不到300英里的道加瓦河交通要道采取的突击行动是曼施坦因装甲部队进军的最高潮。“迅猛地突破道加瓦河”，后来他写道，“是一名坦克指挥官梦想的实现。”

曼施坦因的梦想很快在挫折和艰难行军中破碎了。他的军被要求在道加瓦河桥头堡等待6天，直到其他的装甲部队和步兵赶上来。接着，当德军先头部队继续向东北方向前进时，装甲部队遇到了俄国人更加顽强的抵抗，而且泥泞的地形越来越不适于装甲部队行进。尽管北方集团军群在第一个星期内取得了令人瞩目的战绩，但是它未能完成在道加瓦河以南包围苏军大部队的任务：在红军从波罗的海各国撤退到老俄国他们熟悉的地带时，只俘虏了6000名红军。

在德国战线的另一侧翼，南方集团军群进展顺利，尽管没有北方部队那么迅速。西乌克兰的苏联军队是红军中人数最多、指挥最得力及装备最精良的部队——“是最为顽强的对手”，冯·龙德施泰特陆军元帅承认道，他是南部战线经验丰富的指挥官。南方集团军群的两翼将最终在基辅南边的第聂伯河的大弯处会师，基辅是乌克兰的老首府和苏联第三大城市。在右翼，在罗马尼亚作好战斗准备的德军第11集团军，得到了罗马尼亚军队的增援，并在普鲁特河对岸建立起桥头堡，它部署在那里是为了阻止红军可能发动反攻占领罗马尼亚普洛耶什蒂油田。

在一系列同顽强的苏军坦克交战中，装甲部队缓慢向前推进。6月23日，已经渗入乌克兰50英里，此时冯·克莱斯特将军指挥的5个装甲师遇到了曾在波罗的海地区给他们友邻部队造成威胁的重型KV坦克。此外他们还碰到一种新的中型坦克：T-34。

T-34坦克比Ⅲ型和Ⅳ型坦克重和快，它的出现立刻令德国人不知所措。在第一次同T-34的交战中，第16装甲师的反坦克炮手们发现，在不到100米的近距离内，他们可以数清37毫米炮弹从苏军坦克倾斜的装甲钢板上弹回的数目。但是，缺乏训练的苏联坦克手再次使战局向有利于德军装甲部队的方向发展。他们的指挥官在混乱的攻击中分散了坦克兵力，违反了古德里安将军最大限度集中兵力的理论——“不要少量，而要大规模。”另外，T-34坦克的炮手还担任四人坦克成员的指挥官，这一双重职能干扰了有效和迅速射击。对于德国人来说，他们很快学会首先通过消灭老式坦克从而孤立新式坦克的打法，然后利用飞机、坦克和火炮联合向KV和T-34坦克发动猛烈打击——包括88毫米高射炮水平射击。

克莱斯特经过一个星期的连续作战后突破了苏军防线，但是他们未能按预期包围苏军。俄国坦克和步兵或多或少完整地撤退并在东部150英里处重新集结。即使在那里，距离基辅西和西南100英里，德军还是于7月7日突破了这条防线，但是在迫使俄国人又一次撤退到第聂伯河前，德军不得不用坦克和飞机又猛烈进攻了好几天。

在漫长俄国防线的中段，德国侵略者取得了最辉煌的胜利。三支先头部队中最强大的中央集团军群由第2装甲集群和第3装甲集群，第4和第9两个步兵集团军组成，所有部队归冯·鲍克陆军元帅指挥。两支装甲集群像铁钳一样分别从波兰发起进攻，相距大约125英里，向白俄罗斯进军，目的是晚些时候在进行大包围时合拢巨大的铁钳。

在不到一个星期的时间，装甲部队——古德里安将军指挥的第2装甲集群和赫曼·赫特将军指挥的第3装甲集群——越过边界向前推进了将近250英里。6月27日，他们的铁钳臂从南北两个方向在明斯克市合拢，在所谓的第一次包围战役中包围了近50万苏联军队。一天后，两个德国步兵集团军在苏联领土纵深约100英里的比亚韦斯托克东面合拢了一个较小的包围圈。

许多被围的红军部队怀着巨大的革命热情向外突围。古德里安的第29摩托化步兵师的士兵惊愕地看到俄国人不断发起自杀式的人浪进攻，在他们面前红军手挽手并举着像长矛一样的固定的坚硬长刺刀，他们无畏地呐喊，面对死亡勇往直前地向德军的机枪火力点冲去。

除了打死成千上万的苏军，德国人还在两个包围圈里俘虏30万人并摧毁或缴获2500辆坦克。苏联最高统帅部最初一直愿意接受牺牲，但是损失太大了。前线的红军指挥官狄米特里·巴甫洛夫大将和他的主要参谋人员于6月30日被召回莫斯科，他们都被处决了。

从明斯克的包围圈出发，装甲先头部队在德国空军战斗机的掩护下向东开进。6月30日，在博布鲁伊斯克附近，一波接一波的苏联轰炸机试图冲破德军的空中掩护，竭力想消灭古德里安的第2装甲集群。轰炸机又一次没有战斗机的护航，他们遇到了德军第51战斗机大队的梅-109战斗机。那天德国人击落了114架飞机，他们成为德国空军第一个击落1000架敌机的战斗机大队。这个大队的指挥官沃纳·莫尔德斯上校击落了5架飞机，使他本人击落敌机的总数达到82架，是德国空军的最高纪录。

德国人的目标现在似乎达到了。在北方和南方，集团军群正处在对他们的目标列宁格勒和基辅的攻击距离内。在中部战线，装甲部队走得更远，从“巴巴罗萨”计划开始后在25天内前进了450英里。现在距俄国的首都只有225英里，古德里安的坦克手们在斯摩棱斯克东部的混凝土公路上竖立了许多手写的标志牌，标志牌指示“通往莫斯科”的道路。

苏德战争的爆发，引起了全世界人民的广泛注意。6月22日晚9时，英国首相丘吉尔发表声明，支援苏联对德作战。他说：“任何对纳粹帝国作战的个人或国家，都将得到我们的援助。任何跟着希特勒走的个人或国家，都将是我们的敌人。”翌日，美国代理国务卿威尔斯代表总统罗斯福发表了美国支持苏联的声明。各国共产党和工人党纷纷发表声明，动员全世界各国人民支援苏联的反法西斯斗争。6月23日，中共中央毛泽东主席向全党发出指示，号召组织广泛的反法西斯的国际统一战线，支援苏联抵抗法西斯的神圣战争，并以驱逐日本帝国主义出中国的实际行动来援助苏联。毛泽东指出，苏德战争是帝国主义侵略势力与社会主义反侵略力量之间的殊死搏斗，是两个敌对社会体系不可调和的斗争，苏联的参战大大加强了反法西斯阵营的力量，使全世界反法西斯国际统一战线迅速形成，鼓舞了世界各国人民为保卫国家和民族的独立自由而顽强战斗。

希特勒是以突然袭击的方式来开始这场战争的。法西斯军队首先以大量的航空兵对苏联西部的重要城市、交通枢纽、军事基地以及正在向国境线开赴的军队进行猛烈轰炸，并在苏军防御纵深地区内空降伞兵，夺占要地，同时以数千门大炮对苏军的边防哨所、防御工事、通信枢纽和部队集结地域实施猛烈轰击，然后以优势的坦克和摩托化兵团为先导，从波罗的海至喀尔巴阡山脉宽约1500公里的地面上，发起全线进攻。苏联西部的66个机场遭到猛烈的轰炸，苏军半天之内就损失飞机1200架，其中800架未及起飞迎战即被毁于机场。许多重要的城市、通信设施、交通枢纽和海空军基地，在德国航空兵和特务分子袭击下，遭受严重破坏。边境军区指挥机构基本上陷于瘫痪状态，部队出现了混乱。边防值班部队虽也进行了抵抗，但因得不到及时增援，防线迅速被突破。战争第一天，德军就前进了50~60公里。

苏联在战争初期，虽然遭受了严重的损失，但是在苏联共产党和斯大林的坚强领导下，及时吸取了失利的教训，决心动员一切力量粉碎德国法西斯妄图以一次快速的“闪电战”击溃苏联的迷梦。

三、与胜利失之交臂

1941 年 7 月 22 日夜，占领斯摩棱斯克不到一个星期，德国人袭击了莫斯科——不是从地面，而是从空中。为了响应希特勒夷平苏联首都的号召，德国空军出动 127 架双引擎轰炸机，携带了 104 吨高爆炸弹和 4.6 万枚燃烧弹。在它们目标以西大约 20 英里处，轰炸机遇到了探照灯的蓝白闪光，接着防空炮火猛烈打响。高射炮弹的爆炸和探照灯的盲目照射打散了德国飞机的队形。炸弹漫无目的地扔到城市中，燃烧弹击中了克里姆林宫的房顶，但是 17 世纪时期的坚固砖瓦阻挡了小型炸弹的穿入并且没有造成很大的损失。

7 月的这次轰炸以及这一年以后进行的其他轰炸，未能对这次战役产生决定性的影响。德国人既没有足够的轰炸机，也没有足够的炸弹，除了简单地吓吓莫斯科的平民外，别的目的都达不到。但是在地面，德国的装甲部队已经推进到距首都不到 200 英里的地方，而且市民们预测他们随时会抵达。但是夏天过去了，没有坦克出现，德国领导人纠缠于关于战略目标的斗争上，而且当他们为“巴巴罗萨”行动的优先顺序而争吵不休时，德军对苏联首都的进攻停止了。

当中央集团军群的装甲部队越过斯摩棱斯克快速向前推进时，关于战略目标的争论越来越激烈。希特勒对装甲先头部队已经推进 500 英里感到很欣慰，但是他们深入得越远，希特勒就越烦恼。他担心他们侧翼的安全，害怕坦克和步兵之间的宽阔空隙——比如，古德里安坦克和步兵之间的空隙超过 100 英里——将会使包围计划落空，制订这个包围计划的目的是包围和消灭全部俄国集团军。

希特勒在7月19日发布的33号命令和四天后下发的33A补充命令里，表示了他的担忧。在命令中，他要求轰炸莫斯科并下令实质上暂停从陆地向莫斯科挺进。他命令中央集团军群的两个装甲集群转向侧翼。赫曼·赫特的第3装甲集群向北推进加入进攻列宁格勒的战斗；古德里安的第2装甲集群转向南协助占领乌克兰。

希特勒的命令应当不会使他的部下吃惊。“巴巴罗萨”最初计划要求在向莫斯科挺进过程中暂停进攻，装甲部队转向南北两个方向。但是一直以来，陆军司令部总参谋长哈尔德以及其他主张全力攻打莫斯科的人自以为是地设想，当时机来临时他们能说服元首放弃这个想法。

现在时机来了，关于“巴巴罗萨”目标的熟悉争论——莫斯科或者列宁格勒和乌克兰的侧翼目标？——达到沸点。希特勒和哈尔德是两派意见的代表。私下里在他的日记和私人信件里发泄不满的同时，哈尔德还正式反对希特勒的命令。“元首的不断干涉成为平常一件讨厌的事情，”他写道，“他又玩军阀的把戏并用愚蠢的想法打扰我们。”

哈尔德确实赞成希特勒的部分观点。他承认需要保护中央集团军群的侧翼并向希特勒建议坦克纵队暂停进攻，直到步兵赶上来，然而，他认为希特勒计划将进攻重点从莫斯科转向列宁格勒和乌克兰是一场灾难。7月28日他劝说希特勒推迟装甲集群转向侧翼，但是元首仍然坚持停止对莫斯科的进攻。

但是，争论远没有结束。几个星期以来，来自高层愤怒争吵的震撼引起了一系列从司令部到最前沿装甲先头部队的强烈反响：在那里，“闪电战”的顽固支持者，比如古德里安，将继续坚持他们的意见。

在高级官员犹豫不决时，中央集团军群的部队遇到了自战役进行一个月以来最猛烈的抵抗。7月中旬，古德里安的一个师占领斯摩棱斯克后，赫特的第3装甲集群的先头坦克部队绕过斯摩棱斯克向北进攻。然后他们向右转，企图同古德里安的坦克部队会合并包围斯摩棱斯克东面强大的苏联军队。但是一名德军参谋人员回忆，对坦克行动来说，这是糟糕得令人吃惊的地区。“巨大的原始森林、辽阔的沼泽地、可怕的公路和桥梁，无论公路和桥梁都不够牢固，难以承载坦克的重量，”他写道，“抵抗也非常顽强，俄国人开始在他们的防线布满地雷。他们防守起来很容易，因为基本上没有什么公路。”

■ 苏军喀秋莎火箭炮威力惊人

红军还用一种秘密武器向赫特的装甲部队发动进攻——喀秋莎，以一首广为流传的爱情歌曲里女主人公的名字命名，它由多管火箭炮组成，射程达到 4 英里。第一次火箭齐射猛烈地打向斯摩棱斯克东北鲁德内亚的第 5 步兵师时，当炮弹划过空中发出令人恐惧的呜呜声并且雨点般砸下来时，火箭炮不仅令德军感到恐惧，而且前线的俄国人也很害怕，由于保密原因没有告诉他们有这种武器。根据声音和管状发射架，德国人称这种新式武器为“斯大林管风琴”。

当赫特试图从北面包围斯摩棱斯克时，古德里安装甲集群的一部分正从南面进攻该城。但是，古德里安没有立即转向北同赫特会合，而是派他的第 10 装甲师进一步向东面叶利尼亚进攻，叶利尼亚是斯摩棱斯克东南约40英里一个位于主山脉上的铁路枢纽。古德里安心里惦记着没有合围的莫斯科，他视叶利尼亚的高地为进攻莫斯科的跳板。经过一整天的战斗，他的装甲部队于7月19日晚攻占了叶利尼亚，占领和控制该城的行动阻止了古德里安大举向北移动同赫特会合以及封死包围圈。

为了粉碎斯摩棱斯克附近正在形成的包围圈，俄国人于7月23日发动了一次猛烈的反击。许多来自后方的新编师投入进这次战斗，他们从东面和东南面发起反击。同一时间，被围困的两个苏联集团军成千上万人的部队为突破尚未合拢的包围圈拼死战斗。那天晚上，至少五个师从东面赫特和古德里安之间的空隙突围出去。德国空军估计超过10万俄国人从斯摩棱斯克包围圈逃了出去。

希特勒马上得知突围的消息，这对他决定放慢进攻莫斯科的速度产生了重大影响。他打电话严厉斥责中央集团军群司令冯·鲍克元帅并派武装部队最高统帅部参谋长威廉·凯特尔前往鲍克的司令部以确保斯摩棱斯克包围圈合拢。赫特的第20摩托化步兵师最终于7月26日将包围圈关严。落在后面的第9集团军步兵花费了大量时间把被包围的敌人赶到一起。直到8月5日，鲍克才以命令形式宣布斯摩棱斯克的包围圈内敌人已经被消灭了，但是战果仍给元首留下了深刻的印象：俘虏31万人，摧毁和缴获3205辆坦克和3120门大炮。

同时，古德里安为确保他南翼的安全，巧妙地在斯摩棱斯克东南70英里的铁路中心罗斯托夫又围了一个口袋。为了这次作战——消灭自从7月18日以来一直骚扰他右翼的一个苏联集团军——上级又给古德里安配备了两个步兵军。古德里安怀疑这些他不熟悉的部队是否能达到他的一般作战水准，其中的一支部队是赫曼·盖耶尔指挥的第9军，盖耶尔是一位著名的一战老兵，曾经两次担任过古德里安的上级。古德里安认为盖耶尔的部队没有经过战争的考验，这当众侮辱了他的老上级。

古德里安在一所俄国学校召开各军指挥官会议，宣布了一个罗斯托夫北部的包围计划，他认为这是一个教科书式的包围作战。一个步兵军向东南方向进攻以钳制敌人。盖耶尔的第9军从东北向南进攻，穿过敌人的后方向西运动，同一个向东穿插的装甲师会合。盖耶尔发现古德里安的计划有缺陷并如实相告，但是古德里安不为所动。“在俄国的小校舍里开会期间，”他写道，“我不得不固执己见反驳我的老上级的意见。”

进攻一开始，古德里安特意为盖耶尔的部队树立了一个榜样。8 月 3 日，作战的第三天，攻击最左翼的团受阻。为了加快攻击进度，古德里安亲自加入先锋步枪连，同他们并肩作战了一段时间。消息迅速向后面的部队传播开去，部队很快取得了胜利。

两天后，这时口袋几乎已经封住了，古德里安冲向罗斯托夫东北的一个缺口，那里已经挤满了俄国人，对于这个对他包围圈的威胁古德里安勃然大怒，他调来一个装甲连，然后组织了一个步兵和炮兵的混合编队并率领他们投入战斗。

很大程度上归功于古德里安的愤怒，德国人封死了缺口。一个星期的时间，古德里安的部队迅速和有效地收紧了套在罗斯托夫苏军脖子上的绞索，他们共俘虏了 3.8 万多人。在接下来的两个星期里，在西南克里切夫和戈梅利，同样的包围圈又抓获了 7.8 万名战俘。

8 月初，还有另外一场包围战在南面 400 英里乌克兰的乌曼城附近激烈展开。乌曼突然被南方集团军群老骑兵克莱斯特将军指挥的快速机动装甲部队包围。

战斗异常激烈，乌曼周围地区尸横遍野，一名德国人记得那是“一个巨大的坟场”。另一个德国人回忆起烧成灰烬的苏军卡车：“在一些车里，整排整排的俄军士兵坐在车板上并被烧成灰烬。司机们仍坐在卡车的驾驶盘旁，被烧黑成木炭，到处散发着燃烧尸体的可怕气味，恶臭甚至压倒了轮胎橡胶燃烧的气味。”

最重要的是，乌曼战场——像其他包围圈的战场一样——在 8 月的第二个星期中成为汇集战俘的一个巨大栅栏。第 59 山地军的作战日记写道：“战俘们八个一排前进，组成了一个不间断的纵队，这个纵队穿过地形起伏的农村延绵 10 多英里。”在乌曼，10.3 万人成为战俘，像其他 80 万已经被德国俘虏的俄国人一样，他们面临一个极度痛苦的悲惨未来。甚至在投降前，他们中许多人已经被切断食物补给，而且几乎快饿死了。他们太虚弱，因而在前往后方的长途跋涉中无法幸存下来。

在德国入侵部队的最左侧，北方集团军群的装甲先头部队在推进了近400英里后于7月中旬抵达卢加河。列宁格勒就位于东北70英里处，但是希特勒命令装甲部队在卢加河暂停进攻。他想在对沙皇俄国历史悠久的首都发动最后一次进攻前，巩固他的战果。在埃里希·霍普纳的第4装甲集群的左侧，第18集团军需要时间从波罗的海国家爱沙尼亚和立陶宛清除红军的残余势力。在右侧，第16集团军仍在奋力前进以追赶上霍普纳的装甲部队并且保持同中央集团军群左翼的联系。

■ 列宁格勒防御战

8月8日德军恢复了对列宁格勒的进攻。到8月15日，通往列宁格勒的道路已经被赖因哈特的第41装甲军清除干净。几十辆巨大笨重的新型苏联KV坦克杂乱地丢在战场上，其中一些坦克的乘员是妇女和工厂的平民检查员。

与此同时，在北方，越过伊尔门湖远处湖岸，德军第16集团军的一部分展开战斗以切断通往列宁格勒的至关重要的交通联系。

战斗开始时，由第 21 步兵师突前的第 1 军绕过湖西岸并向建于 9 世纪的历史名城诺夫哥罗德进军。诺夫哥罗德重兵把守，但是在获得一些来自苏方战俘的“帮助”后，德军迅速占领了该城：一个被第 45 步兵团侦察分队活捉的对政府不满的红军军官，提供了该城防守据点和雷区的分布图。

从诺夫哥罗德，德国步兵沿着距重要铁路枢纽丘多沃 45 英里的沃尔霍夫河向北推进。这个城市不仅是莫斯科和列宁格勒之间铁路的一个重要枢纽，而且还是从摩尔曼斯克南下铁路的终点站，摩尔曼斯克是北冰洋的不冻港，美国和英国援助的坦克、弹药和其他物资将开始迅速运抵那里。在丘多沃枢纽，装满武器和物资的火车能够发往西北 60 英里的列宁格勒，或者发往东南莫斯科等地。

希特勒想要包围列宁格勒，并将它夷为平地。希特勒认为该城是一个“恶毒的巢穴”，它“必须从地球表面消除掉”。他追求的包围圈在 8 月底和 9 月的第一个星期逐步形成。德军步兵从东南进攻，赖因哈特的装甲部队从西南小心翼翼地推进到距列宁格勒郊外不到 20 英里的地方，最终完成将苏军从爱沙尼亚驱逐出去任务的第 18 集团军推进到赖因哈特的左翼。

同时，通往列宁格勒的北部狭窄通道已经被芬兰部队封锁了。7 月期间，芬兰部队攻击了拉多加湖的两侧并快速向前推进。但是，令希特勒惊恐万状的是，芬兰部队一俟重新夺得冬季战争期间割让给苏联的领土，就停止进攻并转为防御。尽管在卡累利阿地带的芬兰部队已经插入到距列宁格勒北部边缘不到 30 英里的地方，但是不管德国的压力和恳求，芬兰部队不再进一步越过他们的旧边界。

9 月 4 日，德国远程火炮开始猛烈轰炸列宁格勒郊区，在年底以前共发动了 3 万次炮击。9 月 6 日晚，德国空军的轰炸机加入了进攻，两个晚上后他们扔下了上千发燃烧弹，燃烧弹点燃了占地 4 英亩的木质结构的巴德耶夫仓库，这个仓库储存了列宁格勒大量的食物。地板和油脂熊熊燃烧，为德军后续几波轰炸照亮了天空。

9 月 8 日和 9 日，德军向列宁格勒发动进攻。在中部，由赖因哈特第 41 装甲军支援的摩托化步兵发动突击。在发出尖叫声的“施图卡”俯冲轰炸机的掩护下，这些步兵徒步突破距列宁格勒市中心25英里的外围防线，他们胡乱射击，猛投手榴弹并且将火焰喷射器的燃烧火舌喷入苏军碉堡的缝隙里。

9月10日早上，突击营遇到了距市中心只有15英里的可怕的内层防线。稳固这条防线的是杜德霍夫高地，沙皇曾在这个历史著名高地上观看过御林军团演习。德国人在攻击混凝土碉堡、相互连接的战壕和布满大型海军火炮的掩蔽炮兵阵地组成的火网中，每前进一步都要付出代价——苏联的重型KV-1和KV-2坦克进一步加强了防御力量，这些坦克刚从工厂出来甚至外表的漆还没涂完。

当希特勒的北方集团军群包围列宁格勒时，他对于进一步进攻南方的重点目标犹豫不决。后来曼施坦因把希特勒的行为描绘成“所有这些摇摆不定”是德国军方的主要将领施加的压力也许还有他的疾病促成的。希特勒患有痢疾，这种病在他东普鲁士总部的沼泽环境里是很常见的。

到7月晚些时候战况已经很清楚了，德国陆军缺少同时达成北方、南方和中央战略目标的人员和物资。同苏军的作战、长距离行动和持续不断的灰尘每天都在折磨中央集团军群的装甲部队。塞满沙子的引擎用油量是平常的两倍，而且报废比预期时间快得多。到8月初，古德里安恳求得到补充。他的装甲集群入侵开始时拥有近1000辆坦克，现在四辆坦克里只有一辆还能够作战，几月来希特勒没能提供一辆新坦克。

战场伤亡的补充人员也越来越短缺。到8月下旬，经过10个星期的战斗后，德军总共损失了44万人，而大约只有这个数字一半的人前来补充空缺。当侵略部队减少时，红军却在扩大——尽管伤亡了近200万人，其中近一半是战俘。俄国人有幸可以征集到530万预备人员，他们在祖国遭到入侵后被迅速动员起来。“在战争开始时，我们计算敌人有近200个师，”哈尔德在8月11日的日记里写道，并表现出明显的苦恼，“现在我们已经计算他们有360个师。如果我们消灭一打师，那么俄国人就会再增加12个师。”

哈尔德仍然向元首施压以重新恢复中部战线的攻势。8月18日，他和他的上级陆军总司令瓦尔特·冯·布劳希奇联名写信给希特勒，强烈要求恢复对莫斯科的攻势。8月21日，希特勒对他不顺从的司令官们做出了回答。他命令中央集团军群（已经向北方派出了两个装甲军）现在向南方派遣部队以尽快占领乌克兰。第一个目标是基辅市，在7月份希特勒曾禁止他的装甲部队占领该城。如果这一切还不足以激怒哈尔德和布劳希奇，那么几小时后元首送给他们一个备忘录，里面通篇不点名地批评一些指挥官，说他们受到“个人欲望”的驱使，而且他们的思想“受过时理论的影响而僵化”。愤怒的哈尔德建议他们两人集体辞职，但是布劳希奇拒绝了，他认为“这不现实而且于事无补”。

由于新的战役在乌克兰核心地带进行，德国人计划在另一个巨大的包围圈里包围100万苏军，这次是在基辅附近。南方集团军群的一小部分——第11集团军以及它的罗马尼亚盟军——被安排向东南挺进执行向黑海和克里米亚进攻的独立任务，而所有其他部队将加入包围作战。第6集团军从西面向基辅推进。已经位于基辅东南的强大部队——克莱斯特的第1装甲集群，由第17集团军支援——将向北攻击。剩下的钳形攻势将由向南挺进的中央集团军群的部队来完成——第2装甲集群的两个军，右翼由第2集团军的一部分部队掩护。

时刻关注敌人最新行动的斯大林在两个问题上做出了错误估计。首先，他一直肯定地认为向南部运动的古德里安进攻目标不是基辅而是莫斯科，并且仅仅是想从侧翼包围部署在首都前面的苏军。其次，9月13日，形势已经明朗，德军的大口将会在基辅附近合拢时，斯大林却拒绝批准战地司令官撤退的要求。“一步也不能后退，”他宣布，“坚持到底，如果有必要，直到牺牲。”

基辅包围圈是战争中史无前例的。在开始压缩被包围在里面的苏军前，这个包围圈直径大约是130英里。截止到9月18日莫斯科下达为时已晚的撤退命令时，这个包围圈已经退化为一口混乱的大锅。被包围的苏军疯狂地寻找突围之路，“就像台球一样在包围圈内乱撞”，哈尔德在日记里写道。斯大林要求“战斗到底”的录音讲话尽管从挂在树上的扩音喇叭里高声播出，基辅还是于9月19日落在第6集团军步兵的手里。苏军司令米哈伊尔·基尔波诺斯大将也在试图突围的过程中牺牲了。

一个星期后，基辅周围苏军的抵抗崩溃了。在一次战役中从来没有一支部队遭受如此惨重的失败。在为期一个月的基辅战役中，德军宣布缴获884辆坦克和其他装甲车辆、3718门大炮以及总数令人窒息的66.5万名战俘。总之，红军损失了近100万人——死、伤、俘，或者失踪。

希特勒称基辅之战是“历史上最伟大的战斗”，但是古德里安疲惫的装甲部队没有时间品尝他们的胜利，他们重新编队执行一个代号为“台风”行动（攻占莫斯科）的新任务。早在9月6日，当基辅的结局还存在疑问时，希特勒再次改变主意并下令恢复长期拖延的进攻莫斯科的计划。在可怕的俄国冬季到来前必须占领莫斯科意味着将没有剩余士兵或装备以及没有足够的补充物资提供给德国入侵部队——到9月底德军的伤亡已经超过16%。

四、强攻莫斯科

“台风”行动将成为俄国人一场致命的龙卷风，但是这场严酷的台风也冲击了德国人，德国人的痛苦在历史上没有其他一支军队能比得上。一场史无前例的考验立刻就要到来——不仅仅是在通往莫斯科的道路上。浇透的秋雨将很快带来泥泞季节，之后可怕的冬季就要来临了。在北部前线，德军连续浴血奋战试图切断列宁格勒和主要俄军补给线之间的走廊。在南部，取得了一些胜利，然后是失望，攻打克里米亚没有取得全面胜利，而且罗斯托夫战役，通往高加索的门户，也以撤退告终。

为了准备“台风”行动，陆军司令部将8月从鲍克那里调走的部队又归还给他，补充了一些新的装甲部队。到9月晚些时候，中央集团军群总共集结了大约有150万人和1000多辆坦克。部队被分成鲍克的三个步兵集团军，即第2、第4和第9集团军，以及三个装甲集群——赫曼·赫特将军第3装甲集群，从北方集团军群调来的古德里安将军的第2装甲集群，埃里希·霍普纳将军的第4

装甲集群。经过如此增援，鲍克控制了苏联地区 19 个装甲师中的 14 个，14 个摩托化步兵师中的 8 个，以及 48 个常规步兵师。另外，他可以获得阿尔伯特·凯塞林空军元帅第 2 航空队 1000 架飞机的支援，这是迄今为止德国空军在东线的一次最大规模集结。

但是，鲍克的数量优势具有欺骗性。三个半月的战争付出了重大代价，没有一支部队编制完整。到 9 月底，全部德军伤亡达到 534 万人，没有一个师达到满编的 80%，绝大多数装甲团只有满编的 75% 或更少。士兵疲劳、肮脏并经常挨饿。

更糟的是，鲍克从未解决他的后勤问题。他目前距在波兰的补充基地有 400 英里，而且每天需要 34 节车皮的物资来满足他巨大的消耗以及为进攻准备的物资贮存。坦克和其他摩托化车辆的油料是一个特别严重的问题，摩托车油、轮胎和零部件也非常短缺。为了贮存尽可能多的油料，鲍克中止运输食物，强迫士兵们部分地就地取食或者勒紧裤腰带。

9 月 29 日，在装甲部队和俯冲轰炸机发起“台风”行动的前一天，鲍克和凯塞林检查了德军的航空侦察报告。他们发现了许多变化。整个 8 ~9 月战事平静期间，俄国人一直忙于在莫斯科前方修筑防线。红军劳动营修建了三个漫长的防坦克壕沟带，后面是地堡，横贯预期的德军进攻线路，而且炮兵们把重炮推入地下防弹掩体里。第一条防线在莫斯科西南 135 英里的重要铁路中心维亚济马附近。内层防线，即莫扎伊斯克防线是以该防线中间一个镇子命名的，大部分是由妇女和老人修筑的。其他的变化从空中看不出来。俄国人还埋了成千上万颗地雷，而且斯大林的将军们调来了他们的战略预备队，在这些防线上集结了大约 25 万士兵。

这天晚上，鲍克召集他阴郁的高级指挥官们开会。考虑到天气和有限的油料储备，鲍克定于 11 月 7 日为包围莫斯科的底线。会议后，他给部队写了一篇檄文：“中央集团军群的士兵们，经过几个星期的等待，集团军群恢复进攻了！我们的目标不是别的，就是彻底消灭我们东面的残存敌军并且占领布尔什维克主义的堡垒——莫斯科。我相信你们将同以往一样自信勇敢地圆满完成你们的任务。让我们不要犹豫，让我们向最后的胜利进军。”

进攻在一次教科书式“闪电战”中拉开帷幕。温暖的阳光穿透秋天的浓雾后，这种天气变得对坦克和飞机非常理想，在头几天，鲍克的装甲部队击退了红军，凶猛快速的打击令人回想起6月的胜利。凯塞林的“施图卡”轰炸机和双引擎中型轰炸机出动了上千架次，阻止了红军部队的集结并且沉重打击了苏军简易机场和据点。在地面，古德里安的装甲部队首先行动，他的装甲部队第一天前进了50英里。到10月3日，他们已经抵达奥廖尔的郊区，奥廖尔是苏联后方130英里的一个工业中心。当德军坦克开进城里时，街上的汽车还在行驶，工厂搬卸出来的机械堆积成山，等待运往东部。

10月2日，装甲部队进一步向北进攻。到这天晚上，霍普纳第4装甲集群的坦克和步兵已经穿过斯摩棱斯克东南并把守卫杰斯纳河的苏军压到一旁，并快速推进到苏军的防区，即正面防线后20英里。海因里希·冯·维廷霍夫中将的第46装甲军向东北的维亚济马进攻，而阿道夫·孔岑将军的第57装甲军向莫斯科挺进。越过斯摩棱斯克及霍普纳的北部，赫特的第3装甲集群也取得了突破。赖因哈特将军的第41装甲军转向东北，沙尔中将指挥的第56装甲军在维亚济马封闭包围圈。

但是，消灭包围圈内的敌人需要宝贵的时间。被包围在维亚济马的苏军于10月17日停止抵抗，但是规模更大的布良斯克包围圈里的苏军拼死抵抗，而且成千上万的苏军突围出去了。布良斯克红军的最后防御者们直到10月25日还没有放弃。到那时为止，汽油短缺已经开始阻碍鲍克的机械化部队。在奥廖尔的南部，沃纳·肯普夫将军的第48装甲军已经停止进攻等待油料护送队，这些车队目前不得不同反方向后撤的大批俄国战俘争夺道路。形势变得更糟了，10月16日下了这个季节的第一场雪，尽管雪很快融化了，但是紧接着下雨。降雨加上不能停止的军事运输的巨大重压把未铺石子的公路搅拌成黏稠的泥浆。

10月中旬，中央集团军群似乎作好准备进行一次对莫斯科最大规模的进攻。尽管分散的苏军仍有能力抵抗，但是控制直接通向莫斯科通道的主要苏军机动预备部队已经被消灭了。德军的坦克，加上配合作战的摩托化步兵，已经突破莫斯科最西边的防线。但是，希特勒为他的入侵部队制造了一个新问题。他重申他的莫斯科本身不重要的观点，元首要求北方和南方的攻击部队绕过莫斯科并继续向东进军。希特勒的命令意味着赖因哈特中将现在指挥的第3装甲集群的部队——赫特已经被调到南方集团军群——不得不从维亚济马改变方向向北面的勒热夫和上伏尔加河进攻。他们的目标是大型工业城市加里宁。这是一个漫长的弯路——加里宁位于莫斯科西北100英里。

希特勒的命令剥夺了鲍克主要攻击部队的三分之一坦克。通过集中他的油料储备，赖因哈特成功地派出一支由一个坦克连支援的摩托化步兵营，于10月13日开进加里宁宽阔的街道。但是他的士兵现在比在维亚济马时离开莫斯科更远了。

然而，尽管遇到降雨、泥泞和过多的弯路等困难，鲍克的部队仍在取得成功。在古德里安的地区，由汉斯·艾伯巴奇上校指挥的一个旅规模的战斗部队，由第24军所有能够加油的坦克组成，向莫斯科以南105英里的制造业中心图拉进攻。第3装甲集群猛烈攻击并在伏尔加河东岸建立了一个桥头堡。与此同时，霍普纳的第4装甲集群向莫扎伊斯克和雅罗斯拉夫尔进攻。但是，当这些部队组织兵力进行最后攻击时，天气变得恶劣起来。大雨和雨夹雪在冰冷刺骨的寒风吹刮中从天空倾盆而下，土路变成沼泽地，小河和运河泛滥成灾。斯摩棱斯克至莫斯科铺筑的公路在坦克和其他重型车辆无休止的压迫下也破损严重。

德国军队在各地均放慢了进攻。运载部队和补给的卡车深陷在齐轴深的泥淖里并且只能用重型拖拉机牵动，在一些地方，马拉炮车陷入没到马腹的烂泥里。在地基比较好的地方，甚至需要10匹马才能拉动一门轻型炮通过沼泽地。

当供给系统岌岌可危时，部队就经常断口粮。士兵们靠土豆和其他他们能搜寻到的食物为生。各处的坦克和其他被牵引的车辆都是不规则地向前运动。拥有无尽劳力的德国部队用树干一英里接一英里地铺路，但是通常总是步兵艰苦向前跋涉，士兵们浑身湿透，他们的腐烂小牛皮长靴经常被胶水一样的腐土吸住了。

尽管是这样令人厌恶的条件，中央集团军群仍然向前挺进。在南部，埃贝巴赫旅在图拉包围苏军，同泥泞和苏军战斗，德国人顽强攻击到距离该城不到3英里的地方。在那里，俄国人用85毫米防空炮阻挡住他们，这种炮打掉了20多辆德军坦克。

最有希望的进攻出现在中部。击败博罗维斯基附近俄国人的一次反攻后，孔岑的第57装甲军和克卢格第4集团军的步兵猛攻苏联第二层地面工事，即所谓的莫扎伊斯克防线。三个摩托化步兵师的士兵经过激战穿过一个雷区和伪装碉堡组成的迷宫后，不禁令苏军后方的防御部队大吃一惊。由于一场暂时的寒潮使地面结冻，坦克能够行驶，第19装甲师的坦克接着突破了过去。到夜幕降临时，坦克已经前进了40英里，经过连续战斗，一些坦克部队载着步兵战士抵达距离莫斯科60英里的纳腊河。到10月18日，乔治·施登姆将军的第40装甲军占领莫斯科河上的莫扎伊斯克，并攻向博洛迪诺闻名的拿破仑战场。

在南方，入侵者的前景并不令人振奋。古德里安的部队，受到油料短缺和冰雪融化的困扰，停滞不前。当北方的天气温暖起来时，解冻的泥淖令孔岑和施登姆的装甲部队在莫斯科前面停止下来。但是到目前为止，不仅仅是泥泞减缓了德军的进攻，10月初，斯大林已经把莫斯科的防御委托给朱可夫将军，他正成为俄国最优秀的指挥者之一。朱可夫得到苏联辽阔后方受过良好训练的陆军师，他明智地不轻易地让新来的部队加入他的防线，只使用他们反击德军最凶猛的进攻。

经过10月底在诺哥尔斯克、图拉、博洛迪诺和加里宁的激烈战斗后，德军攻势在整个400英里长的前线上已全面减弱。几乎已经能看到莫斯科了，但是鲍克的部队无望地深陷困境。炮兵没有炮弹了；坦克手们不得不用吸管吸出好几辆坦克剩下的微量汽油以便给一辆坦克加油；步兵们完全精疲力竭，缺少弹药和食物。当鲍克的士兵们耗尽他们最后的能量储备和意志力时，前线出现了暂时的平静。

鲍克现在希望出现一次冰冻，这样能使地面变硬，坦克可以再次向前推进。但是他的好几个下属指挥官，其中有著名的霍普纳，希望推迟进一步进攻并挖掘工事过冬。但是鲍克，更为重要的是希特勒，一点也听不进这些建议。鲍克仍然决定抵达莫斯科并且结束这个已经为此付出巨大牺牲的漫长战役。很显然，继续进攻是一次可怕的赌博，在令人畏惧的苏联冬季里德国士兵和机器能够作战吗？没有人知道。

到 11 月初，通往莫斯科的道路已经结冰。11 月 15 日，冯·鲍克元帅命令中央集团军群再次向东挺进，进攻莫斯科。两个星期的中断进攻已经使他们的部队有所改善——筋疲力尽和无组织的连、营和师大部分已经得到重组。坦克、卡车和大炮已经在结冰的泥地上畅通无阻地行驶。

但是，天气造成了不可抗拒的重大损失。晚上温度降到零下 50 度，寒冷程度远远超过了德军任何人的想象。只有少数幸运的部队在农家小屋里找到避寒之处。冻伤成为流行病，伤员由于寒冷，伤势恶化而死亡。在一些地方，雪已经达到 2 米深。

接下来，就是灾难。从能见度极差的冰雾里出现了苏联第一突击集团军的两个旅，他们有超出编制的火炮支援。俄国人身穿厚厚的冬季大衣、皮帽子和厚皮靴。他们用类似皮手笼的东西盖在进攻武器上，武器涂上了防冻油。穿过大雪，步兵在 T-34 坦克的支援下，摧毁了一个接一个德军的前沿阵地。德国人从北方突入莫斯科的机会化为泡影。

五、合纵抗敌

苏德战争爆发后，国际形势发生了巨大变化，第二次世界大战进入了新阶段。这不仅是战争地域的扩大和参战人口的增多，而首先在于第二次世界大战的反法西斯性质更为加强了。斯大林对内放手发动群众，抗击法西斯侵略，对外合纵抗敌，联合一切可以联合的力量，进一步扩大和加强国际反法西斯统一战线。

1941 年 4～5 月，希特勒向苏联边境大量集结兵力，发动进攻的动向已日益明显，6 月 15 日，英国首相丘吉尔致电美国罗斯福总统说："看来德国即将大举进攻俄国。……如果这场新战争爆发，我们当然要遵循希特勒乃是我们必须击败的敌人这项原则，给予俄国人以最大的鼓励和我们能够提供的任何援助。"

6 月 21 日，美国驻英大使怀南特向丘吉尔口头转达了罗斯福的一项保证：如果德国进攻俄国，罗斯福当立刻公开支持"首相可能就欢迎俄国为同盟国而发表的任何声明"。所以，在德国法西斯进攻苏联的当天，英国首相丘吉尔立即在 6 月 22 日晚上 9 时发表广播演说，表明英国政府的立场。他说："在过去 25 年中，没有一个人像我这样始终一贯地反对共产主义。我并不想收回我说过的话。但是，这一切，在正在我们眼前展现的情景对照之下，都已黯然失色了。"丘吉尔表示："我们要对俄国和俄国人民给予力所能及的一切援助。"6 月 23 日，美国政府发表声明，支持苏联对德作战。24 日，罗斯福总统宣布，美国将尽一切可能援助苏联。

斯大林在 7 月 3 日的广播中指出："我们为了保卫我们祖国的自由而进行的战争，将同欧洲和美洲各国人民为争取他们的独立、民主自由的斗争会合在一起。这将是各国人民争取自由、反对希特勒法西斯军队的奴役和奴役威胁而结成的统一战线。"苏联领导人对英国首相的广播演说和美国政府的宣言表示感谢。至此，苏美、苏英关系得到改善并逐步密切起来。

以顽固反共著称的丘吉尔，之所以要主动地援助社会主义国家苏联并不是偶然的，主要是时代和局势的推动。为了资本主义国家自身的利益，他不得不改弦更张。从 1940 年 5 月底敦刻尔克大撤退和 6 月下旬法国败降以后，英国空前危险，丘吉尔一方面支持迁居伦敦的欧洲各国流亡政府，结成反法西斯同盟，另一方面大力争取美国支援，希望美国逐渐加入同盟国。1941 年 3 月底，隆美尔指挥的德国军队和意大利军队在利比亚的昔兰尼加突然发动进攻，在 12 天中就占领了这个省，包围了托布鲁克，并进抵离埃及边境只有几英里的巴尔迪亚。英军对希腊的援助也以失败而告终，4 月底退出希腊，5 月底退出克里特岛。与此同时，德国法西斯代理人又在伊拉克和叙利亚寻衅，企图把英国势力赶走。因此，英国在地中海和中近东的地位受到严重威胁。1941年5～6月，英国危如累卵，丘吉尔忧心忡忡，极力寻找对策，以使英国摆脱所面临的困境。

正当英国四面楚歌、危在旦夕之时，希特勒把强大的战争机器开向东方，把400万大军和数以万计的飞机和坦克强加到苏联人民头上。这使丘吉尔如释重负，使英国政府的大臣们都有轻松和宽慰之感。丘吉尔清楚地知道，苏德战争能使英国摆脱困境。因此，6月22日，当苏德战争刚一爆发，这个老谋深算、具有政治远见的资产阶级政治家就在广播演说中表示：“任何对纳粹帝国作战的个人或国家，都将得到我们的援助。任何跟着希特勒走的个人或国家，都将是我们的敌人。”“他进攻俄国只不过是进攻不列颠诸岛的前奏。因此，俄国的危难就是我们的危难，也是美国的危难……让我们加倍努力，只要一息尚存，力量还在，就齐心协力打击敌人吧。”

处在地球那一边的美国，虽然距离德国很远，但也直接和间接地受到德国法西斯侵略的威胁。早在1936年，德意武装干涉西班牙时期，希特勒就开始觊觎拉丁美洲这块丰饶的土地，妄图在这里渗透德国人的势力。希特勒在一次谈话中，曾经透露说，我们一定要在拉丁美洲建立一个新的德国……德国人利用墨西哥的宝藏就能够成为富有的伟大民族……我们还将在巴西建立一个新的德国。希特勒妄图控制整个拉丁美洲，并在那里建立强大的基地，以进攻美国。美国总统罗斯福得知这一情报后，气愤地说：“希特勒的计划不仅是针对着南美，而且也是针对着合众国本身的。”后来，希特勒又在作战指令中正式宣布：“海军的战斗人员和装备应以能保证直接对英国，必要时对美国作战为限度。”尤其在1941年4月，德国法西斯军队进攻北非之后，法属西非面临被侵占的危险。而德、意法西斯军队一旦占领西非达喀尔，距巴西就只有1870英里，将直接威胁到西半球的安全。

虽然美国的安全和特权受到法西斯势力的严重挑战，但是，美国的反动势力仍十分猖獗，他们公开叫嚣：“对美国来说，共产主义在世界的胜利比法西斯主义更加危险。”而另一些政客则希望借希特勒之手削弱苏联，或者是使苏德两败俱伤，借收“渔人之利”。民主党参议员、后来的美国总统杜鲁门露骨地表达了这种愿望。他说：“如果我们看到德国要胜利，我们就帮俄国，而如果俄国要胜利，我们就帮助德国，让他们尽可能地互相厮杀，厮杀得愈厉害愈好。”

然而，以美国总统罗斯福为代表的当权人士，却清醒地看到了德国法西斯是美国最主要的危险和敌人。所以，1941 年 6 月 23 日，美国代理国务卿威尔斯发表声明，支持苏联。他说：“对美国来说，共产主义制度，同纳粹独裁制度的原则和主义一样也是不能容忍的。……但是，美国人民目前的问题是，希特勒正在竭尽全力征服世界，残忍奴役一切人民。因此，美国政府认为，任何防御希特勒主义的办法，任何集中力量——不论这种力量来自何方——的行动都将加速德国现在的领袖逃不掉的失败，并因而有利于我们自己的国防和安全。在今天，对美洲各地的主要危险是希特勒的军队。”第二天，罗斯福在记者招待会上表示，美国准备给予苏联一切力所能及的援助。

苏德战争爆发后，苏联党和政府在斯大林的领导下，采取了灵活的外交政策，积极争取同英美以及一切反法西斯国家建立和加强友好合作关系，组成国际反法西斯同盟。1941 年 7 月 12 日，苏英两国在莫斯科签订了对德作战联合行动协定。在协定中，双方保证，在对德作战中，彼此给予各种援助和支持。两国政府承认，在这次战争中，除彼此同意外，既不同敌国谈判，也不同敌国缔结停战协定和单独媾和。同年 8 月 16 日，苏英还签订贸易、贷款和支付协定，规定英国给予苏联 1000 万英镑的贷款。鉴于德国法西斯分子在伊朗的活动十分猖狂，苏英两国政府商定，采取联合行动。1941 年 8 月，两国同时出兵，从南北两面进驻伊朗，从而防止了法西斯分子在伊朗的危害。后来，伊朗成为美英两国从南部援助苏联的交通要道。

自 1941 年 7 月 30 日罗斯福的顾问霍普金斯访问莫斯科后，苏美之间的合作进一步加强。在同霍普金斯进行第二次会谈时，斯大林提出，希望美国能参加对德战争。对此，霍普金斯说，他的使命只是有关供应问题，至于美国参战的事，主要取决于希特勒自己和他对美国根本利益的侵犯。霍普金斯在同斯大林的两次谈判中，得到了有关苏联实力和前途的大量情报，加深了对苏联的了解。他相信苏军能够顶住希特勒的进攻。美国史学家舍伍德说，这是战时英美对苏联关系的转折点。因此，霍普金斯的莫斯科之行，对于加强和扩大反法西斯同盟起了积极的作用。

希特勒对苏联发动悍然进攻之后，斯大林在7月3日广播演说中表明："这个反法西斯压迫者的全民卫国战争的目的，不仅是要消除我国面临的危险，而且还要帮助那些呻吟在德国法西斯主义枷锁下的欧洲各国人民。"斯大林的这篇演说具有重要的国际意义，它促使英美政府也要对法西斯侵略和战争目的表明自己的态度。罗斯福和丘吉尔出于对本国的切身利益和安全考虑，秘密商定进行战时第一次会晤。1941年8月初，罗斯福和丘吉尔率领两国有关的军政官员在纽芬兰的阿金夏港举行会谈。双方在军舰上就有关对德政策问题进行了商讨和争论，最后于8月13日签署了一项联合声明，14日正式公布，史称"大西洋宪章"。声明指出，美利坚合众国总统罗斯福和联合王国国王陛下政府代表首相丘吉尔经过会晤，认为他们两国国策中某些共同原则应该予以宣布。其主要内容是：两国不追求领土或其他方面的扩张，不承认法西斯通过侵略所造成的领土变更，尊重各国人民选择其政府形式的权利，恢复其被剥夺的权利和自治权，世界各国在贸易和原料方面享受平等待遇，促成一切国家在经济方面最全面的合作。在最终摧毁纳粹暴政之后，希望重建和平，使各国都能在其疆土内安居乐业，保证人类都可以过无所恐惧的自由生活。

在当时的历史条件下，这一声明对于动员和鼓舞全世界人民，团结起来，进一步加强国际反法西斯统一战线，打败德意日法西斯侵略者，无疑起了积极的推动作用。尤其是罗斯福总统在美国还没有参战的情况下，挺身而出，与丘吉尔发表这个声明，充分显示了这位具有远见的资产阶级政治家的勇气和胆略。他通过"租借法"向抗击法西斯的国家提供了大量的援助。据不完全统计，从1941年下半年到1944年4月，美国，还有加拿大和英国，向苏联提供了飞机1.2万架，大型驱逐舰12艘，装甲车9000余辆，卡车22万余辆，以及其他许多武器、装备和大量战略物资，支持了苏联的抗德战争。

为了进一步加强苏美英三国之间的合作，1941年9月29日至10月1日，在莫斯科召开了苏美英三国会议。苏联代表团长是外交人民委员莫洛托夫，英国代表团长是军需大臣比弗布鲁克，美国代表团长是罗斯福总统特使哈里曼。斯大林也参加了这次会议。这次会议主要是讨论美英向苏联提供武器装备和战略物资问题。在会前斯大林和丘吉尔的来往函电中，斯大林曾要求英国能在1941年内于巴尔干或法国开辟第二战场，以迫使德国从东线调走30个到40个师。但英国当时由于种种原因而未能这样做。由于美国还没有直接参战，它的强大的工业还没有转入战时轨道，英国既要保卫本土，又要维护庞大的殖民帝国，兵力和武器装备都感到不足。尽管如此，美英两国还是尽力满足了苏联提出的一些要求，以支持它把反法西斯战争坚持下去。经过谈判，双方决定于1941年10月1日到1942年6月30日，英美两国每月向苏联提供400架飞机、500辆坦克以及其他各种武器和军用物资。苏联则向英美提供原料。

莫斯科会议取得了很大的成果。1941年10月30日，罗斯福代表美国政府写信给斯大林，宣布给苏联10亿美元的无息贷款。11月7日，美国把租借法扩大到苏联，这样就为向苏联提供军事援助创造了更加有利的条件。

1941年底，苏联红军在莫斯科保卫战中取得了伟大胜利，希特勒“闪电战”遭到彻底破产。同年12月7日，日本偷袭珍珠港，进攻英、美、荷在东南亚的属地，发动了太平洋战争。太平洋战争爆发后，德意日签订了对美英共同作战协定。英美被迫对日宣战，德美也互相宣战。从此，美国正式参加了第二次世界大战。接着，澳大利亚、荷兰、加拿大、新西兰、南非联邦、哥斯达黎加、古巴、尼加拉瓜、巴拿马、萨尔瓦多、波兰等也相继对日宣战。中国也向德、意、日宣战。战争席卷和波及了世界4/5的人口。德意日法西斯不断扩大侵略战争，进一步促进了反法西斯力量的壮大和发展。

1941 年 12 月 22 日，美英两国首脑在华盛顿举行“阿卡迪亚”会议，以商讨两国整个作战计划。会议期间，美国倡议由所有对德意日三轴心国作战的同盟国家签署一项共同宣言，即《联合国家宣言》。美国提出的宣言草案经与英苏两国政府磋商并加以修改后，用急电发给各同盟国政府。12 月 27 日，罗斯福和丘吉尔分批会见了各同盟国驻华盛顿大使，并告知他们关于这个宣言的主要内容。

> （一）每一政府各自保证对与各该政府作战的三国同盟成员国及其附从者使用其全部资源，不论军事的或经济的。
>
> （二）每一政府各自保证与本宣言签字国合作，并不与敌人缔结单独停战协定或和约。
>
> 现在或可能将在战胜希特勒主义的斗争中给予物质上援助和贡献的其他国家得加入上述宣言。

《联合国家宣言》的签订，表明反法西斯同盟又发展到了一个新的阶段。它标志着这个同盟的进一步壮大和加强，同时也为联合国组织的建立奠定了初步基础。

但是，在国际反法西斯统一战线内部并不是没有矛盾的。作为统一战线的主要成员——苏联、美国和英国之间，仍然存在着错综复杂的斗争。美国、英国和苏联，在战争中都是执行各自的战前政策。在整个第二次世界大战中，美国和英国的政策始终具有两面性：一方面给苏联援助；另一方面又力图隔岸观火，从中渔利。它们对开辟欧洲第二战场的态度也不是很积极的。美国和英国之间又各有打算，英国力图保持和恢复其原有的势力范围，而美国也充分利用英国在战争中的困难处境和不得不依赖美国的援助和支持的机会，极力瓦解和夺取英国的势力范围，力图在战后取代英国的霸主地位。

苏联的政策也有从自身利益考虑的一面。1941 年 4 月，苏联同日本缔结了中立条约。据日本报纸发表的日苏两国共同宣言所载，其中表明苏联实际上承认了伪满洲国的现状。在太平洋战争爆发之后，世界上多数国家纷纷对日宣战，而苏联仍保持中立。直到1944 年 11 月，苏联才第一次公开谴责日本为侵略国。在雅尔塔和波茨坦两次会议中，苏联在美国和英国同意它提出的各项条件之后，才答应对日作战。

在第二次世界大战中，全世界的反法西斯国家和武装力量，经过曲折复杂的道路，终于结成国际反法西斯统一战线，形成了摧毁德意日法西斯的狂飙怒涛。尽管在同盟国内部充满着矛盾和斗争，但这并没有妨碍它们在反对法西斯侵略的斗争中采取一定程度的联合行动。斯大林曾指出："否认参加英苏美同盟的国家在意识形态上和社会制度上的差别那是可笑的。但是，这是否排斥这个同盟中的成员采取共同行动，去反对使它们受奴役威胁的共同敌人的可能性和合理性呢？绝对不排斥。"问题在于德意日法西斯把战争和奴役的威胁强加给各国爱好和平的人民，这是促使反法西斯同盟形成的决定性因素；而德国进攻苏联和日本发动太平洋战争又进一步壮大和加强了这个同盟。

第二篇
阴郁的“狼穴”

希特勒以焦虑不安的心情注视着世界反法西斯同盟的形成。如果德国不迅速战胜俄国，那么美国潜在的军火生产能力同俄国潜在的人力联合起来，战争将出现非常艰难的局势。

要在东方重新发动攻势，必须首先摆脱莫斯科会战的阴影。

想到这里，希特勒的眼睛露出了残忍的凶光，他捏紧拳头，情不自禁地说：“1942年一定要在东线结束战事！”

一、计划破产，希特勒进退两难

德国腊斯登堡。1942 年 3 月的一个夜晚，寒风凛冽。

腊斯登堡附近有一大片森林，森林深处坐落着一幢豪华的别墅。别墅在周围茂盛的树木的映衬下，显得十分清静、雅致。这是德国元首的战时大本营，代号“狼穴”。

在挂满大幅作战地图的会议室里，“狼穴”的主人阿道夫·希特勒毫无睡意，紧锁的眉头下，一双充满血丝的眼睛盯着墙上的地图。

1941 年冬天，苏军在莫斯科顶住了德军的进攻。东线的失利给德军造成了严重的影响，“狼穴”的气氛变得阴郁了。希特勒的健康也受到很大损害。来“狼穴”汇报的将军们突然发现他们的元首面色苍白，神情忧郁。希特勒的私人医生莫勒尔开始给他服各种药物，每天要注射不同的针剂，入睡前还要吞下一大把安眠药，但这些天连安眠药都不起作用了。

“看来依靠‘闪电战’已经不行了，我们也没有足够的力量在整个苏德战场同时展开进攻。”希特勒自言自语地说。去年冬季德军在莫斯科的那场悲剧又历历在目。

战争初期，希特勒依仗其充分的战争准备、丰富的作战经验和突然袭击所造成的有利地位，在苏军准备不足的情况下，18 天内便向苏联腹地推进了数百公里。九十月间，已逼近列宁格勒和莫斯科城下，迫使苏联处于相当困难的境地。

希特勒欣喜若狂，在柏林的集会上挥舞双拳，得意地宣告：

“敌人已经被打倒，再也站不起来了。”

进攻莫斯科的战役打响后，德军坦克兵团像一把利刃把苏西方面军和预备队方面军切割成两半。钳形攻势获得意外成功，德军又俘虏了苏军67万之众。德军指挥官的望远镜里已看到了克里姆林宫顶上的红星。

然而，战场风云瞬息多变。11月7日斯大林在红场检阅苏军，并发表了演讲。大将朱可夫临危受命，开始整顿莫斯科的防御阵地，苏联人的抵抗变得顽强起来。当德军向莫斯科发动第二次猛攻时，严冬开始降临，莫斯科遇上了140多年未遇的寒流。而这时德军士兵还穿着单薄的夏装，成千上万的德国人在凛冽的寒风中被冻伤冻死。更可怕的是连坦克也发动不起来，大炮无法瞄准，机枪和其他自动武器几乎全部失灵，德军士气降到了最低点。

战局发生了戏剧性变化。当斯大林顶住了德军进攻后，立刻从远东调来精锐部队，红军的坦克冲垮了德军阵地，打得德军尸横遍野，伤亡达百万之多，德军被迫向西溃退。希特勒的“闪电战”计划破产了。

俄国战场传来的不祥消息，使希特勒进退维谷。原先估计3个月结束对苏战争，在后方没有作防御准备。现在希特勒老是听到前线指挥官的抱怨和要求撤退的请求，他本能地意识到，在冰天雪地中撤退会一败涂地。一天，德军总参谋长哈尔德将军向希特勒报告有一个师正在溃退，希特勒立刻接通了这个师指挥所的电话。

“我的元首，我们再也守不住了。俄国人密密麻麻地向我们进攻，我们的机枪不停地扫射，前边的人倒下了，后边一群群的敌人又冲上来了。我们再也守不住了，士兵神经受不了啦，该撤退了。”几百公里以外的冰天雪地的荒野中传来了绝望的沮丧的乞求。

希特勒气恼地问：“先生，你想往哪里撤退啊？撤多远啊？”

“啊，我也不知道。”对方惊慌失措地回答。

希特勒暴跳如雷：“你完全知道再后退30英里也是一样冷。”希特勒口气缓和了一些：“你撤退能带走重型武器吗？不能带？将来怎么打仗？什么？你没有选择余地？那么好吧，你一个人回到德国，把军队给我留下，我来指挥。”

“啪”的一声，希特勒扔掉了话筒，余怒未消地对陆军总参谋长哈尔德说：“这帮混蛋，战机都被这些王八蛋们贻误了。”

不久，希特勒对在冰天雪地中的德军士兵下了“不准后撤”的死命令，同时他开始向那些不唯命是从的将帅们开刀了。

1941 年 12 月 9 日，屈从希特勒的旨意，老资格的陆军总司令布劳希奇元帅以患有严重心脏病不能胜任工作为由提出了辞呈。希特勒毫不犹豫地接受了元帅的离职，索性自己当了陆军总司令。

接着，德中央集团军群司令鲍克元帅、北方集团军群司令李布元帅、第 2 装甲集团军司令古德里安大将、第 4 装甲集团军司令霍普纳大将纷纷被解职。

希特勒也深深意识到，德国在军事上失利的同时，在政治上也日渐孤立。就在苏军在莫斯科发动反攻的次日，1941 年 12 月 7 日，日本人偷袭了珍珠港的美国舰队，从而使战争从欧洲、亚洲和大西洋扩展为全球性的冲突。12 月 11 日，德国和意大利承诺了与日本签订的三国公约，向美国宣战。美国和英国也以宣战回敬了他们。

希特勒以焦虑不安的心情注视着世界反法西斯同盟的形成。如果德国不迅速战胜俄国，那么美国潜在的军火生产能力同俄国潜在的人力联合起来，战争将出现非常艰难的局势。

要在东方重新发动攻势，必须首先摆脱莫斯科会战的阴影。

想到这里，希特勒的眼睛露出了残忍的凶光，他捏紧拳头，情不自禁地说：“1942 年一定要在东线结束战事！”

二、充满自信的演讲

希特勒的军事信条很简单，他信奉两点：第一，是克劳塞维茨的名言：“进攻是最好的防御。”第二，拒绝任何形式的军事撤退。所以在德军战线后方很难找到一条预备性的防线。当苏军的攻势减缓时，他更不会畏首畏尾，自信一场大规模的进攻将决定战争的最终结局。

希特勒在“狼穴”召开一次秘密军事会议，出席会议的有哈尔德将军及各大集团军的指挥官。

元帅和将军们向他行举手礼。他坐下后，开始了滔滔不绝的训话：

“冬天的麻烦已经过去，战争的主动权还在我们的手中，在今年夏秋两季给斯大林致命的打击，争取在年底结束战争。”他用力挥动着拳头。

“下一步，我们的突击方向有两个，一个在南翼的高加索方向，夺取那里的油田。占领高加索地区，可以大大削弱俄国战争的经济基础，使我们的军队获得更充分的战场供应。

“另一个突击方向，是斯大林格勒（该城市现改名为伏尔加格勒，编者注）。我们要前近到伏尔加河，攻击斯大林格勒，切断伏尔加河水运干线。尔后，我们还要进一步向北进攻，一举拿下莫斯科。”

希特勒站了起来，情绪激动地说：“先生们，我们占领了高加索和伏尔加河流域，把斯大林格勒从地球上抹掉，战争也就结束了。”

希特勒发言结束后，文质彬彬的陆军上将哈尔德走向地图，开始详细介绍具体作战计划。他说：

“诸位，今年夏秋攻势在41号作战令中有明确规定，目的是消灭俄国残余势力，切断他们的战争资源。计划由陆军元帅鲍克率领南方集团军群担任主攻，中央集团军群和北方集团军群作牵制性攻击，迷惑敌人，造成出其不意的效果。”

接着哈尔德详细介绍了担任主攻的南方集团军群的兵力增至100个师，下编5个集团军，1500架飞机配合作战。整个战役分两个阶段进行：

（一）先实施克里木战役和哈尔科夫战役，由曼施坦因上将指挥的第11集团军在4～6月攻占刻赤半岛和塞瓦斯托波尔要塞。与此同时，保卢斯的第6集团军和克莱施特的集团军在哈尔科夫展开强大攻势，占领哈尔科夫，为进攻高加索和斯大林格勒作准备。

（二）7月份开始实施第二步计划：北路由曼施坦因攻打列宁格勒；重点是中路和南路，进攻高加索，夺占油田；进攻斯大林格勒，围歼顿河以西的俄军。无论如何要将斯大林格勒置于德军重武器杀伤范围之内，使敌人不再把它作为工业中心和交通枢纽。

哈尔德讲完后，将军们开始窃窃私语起来。对于这个作战计划，他们有许多不同看法。有人认为，目前德军的兵力和手段，与这一作战目标的差距较大，这是一个根本不可能实现的作战计划。有人认为，这个计划将德军的战线拉得太长，是极其危险的，甚至连具有冒险精神的戈林对夏季能否打败苏联也表示怀疑。

听完将军们的议论，希特勒感到十分不快。他知道莫斯科战役后，将军们对战争的狂热有所减退，只是现在大战在即，他不便发作。想到这里，他振作精神说：

“1812年，拿破仑曾经攻下莫斯科，但他却没能征服俄国的冬天，最终全军覆没，可是我们却征服了俄国恐怖的冬天。这证明帝国士兵是世界上最勇敢的士兵，它足以摧毁布尔什维克，使敌人闻风丧胆。这次作战，对第三帝国生死攸关，你们一定要像过去那样，进攻！进攻！坚决进攻！”

将军们似乎被希特勒的精神感染了，不少人目视着元首不停地点头。看到众将领的表情，希特勒满意地说：“我们要吸取教训。各集团军在攻打顿河、伏尔加河流域时，要沿河挖地掘坑建造冬季营房。到了10月，让士兵都住进冬季营房里。另外，要特别注意保密，让对方造成错觉，以保证会战胜利。”

会议结束时，希特勒异常兴奋。他有一种预感，这次会战一定会顺利展开。

第三篇 燃烧的母亲河

斯大林不以为然地摇了摇头，说：“我对战争有不同的看法。不冒险，就不会取胜。为什么你们这么怕德军呢？我真不明白。我认为军队就必须在作战中流血，不流血，就不可能了解军队的力量。”

一、德国人拉响了战争的前奏

希特勒为了保证进攻斯大林格勒的右翼安全和解除后顾之忧，决定首先进攻克里木半岛。

克里木半岛位于黑海之滨，它是高加索和顿河的南部屏障。自1941年秋天起，它成了苏德争夺的战略要地，克里木半岛上空开始被浓烈的硝烟所笼罩。

整整半年，苏德两军展开拉锯战。先是德军稍占上风，曼施坦因指挥的德第11集团军凭着良好的装备冲破苏军防御。但在攻打塞瓦斯托波尔要塞时，遇到苏军顽强狙击。苏军依仗要塞严密的防御阵地，击退了德军的进攻。随着冬季来临，苏军由守转攻，把德军赶出刻赤半岛。之后，战场出现胶着状态。苏克里木方面军从1942年2月到4月接连发动3次攻势，都没有突破德军防御。

进攻克里木半岛的行动由曼施坦因指挥，他是德军杰出的指挥官。他指挥作战不靠勇猛取胜，而多以谋略见长。1940年德军曾出人意料地越过固若金汤的马其诺防线，使巴黎屈膝投降，靠的就是“曼施坦因计划”。1941年夏天，曼施坦因指挥的装甲部队从东普鲁士出发，4天之内横扫200公里，成为苏军最可怕的对手。

曼施坦因给第11集团军制定了代号为“鸨”的进攻计划。第一目标首先是歼灭刻赤半岛上的苏军，然后再转过头来攻击塞瓦斯托波尔的苏军。因为刻赤半岛上的苏军更容易得到增援，不断构成对第11集团军侧翼的威胁。

苏军在克里木半岛一共有3个集团军，并成立了一个克里木方面军总司令部，司令部就设在刻赤半岛。塞瓦斯托波尔要塞继续由苏军海岸集团军负责防御，约有7个步兵师、1个步兵旅、2个海军旅的兵力。在刻赤半岛的正面，苏军有第44集团军和第51集团军。在1942年4月底，苏军在刻赤半岛一共有17个步兵师、3个步兵旅、2个骑兵师、22.2个骑兵旅、4个独立装甲旅。

面对这样强大的兵力，德军所使用的兵力只有5个德国步兵师和第23装甲师，此外还有新到达的罗马尼亚第7军，下辖第19师、第10师和第8骑兵旅。

4月中旬，曼施坦因专程前往元首大本营去晋见希特勒，报告自己在克里木半岛的攻势计划，这是自1940年2月间，作为一个军长把“曼施坦因计划”当面向他陈述之后，第二次谒见元首。在这次会见中，希特勒表现出非常良好的理解力，他很注意听取曼施坦因的意见，不像以前所常有的情形，喋喋不休地引述很多军事数字。希特勒同意他改变优先顺序的做法。

苏军在人数上虽然比德军多，但由于刻赤半岛地形的限制，却不能把所有的防御兵力都用上。而德军的6个师却能一次性投入进攻，在局部兵力上，德军还是占优势。

苏军负责防御刻赤半岛的指挥官同时犯了一个判断上的错误，这等于又给曼施坦因提供了一个机会：苏军把兵力的2/3集中在半岛北面，判断德军将会攻击防线北部苏军弧形突出阵地，而在南部，依据其坚固防御阵地，只留1/3的兵力。曼施坦因决定出其不意，把德军主攻方向放在南部，沿黑海海岸向南部进入，攻击苏军官员预料不到的地方。

5月8日，德军发起进攻。在轰炸机掩护下，德军坦克蜂拥而入，很快冲破苏军防线。5月16日，德军占领刻赤半岛，17万苏军被俘，海滩上堆满了苏军的各种车辆、大炮。

斯大林十分震怒，立即将统帅部代表梅赫利斯、方面军司令员科兹洛夫中将撤职降衔，并于6月4日发出训令，要求各方面军吸取教训：“懂得现代战争的性质，必须把部队作纵深梯次配置和建立预备队。”

刻赤半岛失利后，使据守塞瓦斯托波尔的苏军陷入困境。曼施坦因集中20余万人马，把要塞围得水泄不通。经一个多月激战，克里木半岛落入了德军手中。德军进攻克里木半岛，是斯大林格勒战役的前奏。

战场的态势继续朝着对苏军不利的方向发展。在总结失败的教训时，斯大林对朱可夫说："瞧，这就是防御的结果……我们必须对逃避责任、指挥无能的将领严厉处置。"说着，他又满怀期望地说："铁木辛哥就要在哈尔科夫进攻了。"

当曼施坦因在克里木半岛频频得手时，苏西南方面军司令员铁木辛哥元帅正挥师向哈尔科夫的德军发起猛攻。这次战役是这位战功卓著的元帅用脑袋担保争取来的。

铁木辛哥是一员虎将，他善打硬仗。战争初期，斯大林让他当苏联军事委员会主席。尽管事实上的总司令是斯大林，但铁木辛哥在苏军中的地位举足轻重。

铁木辛哥没让斯大林失望。1941年秋他组织了基辅保卫战，为备战赢得了时间，使德军对莫斯科的围攻拖延了至关重要的一个多月。在随后的罗斯托夫战役中，他又让德军尝到了失败的滋味。之后，德军厄运临头，在莫斯科城下和冬季作战中连遭败绩。

然而，世上没有常胜的将军，打了胜仗更应保持头脑清醒。铁木辛哥指挥作战勇猛顽强，有时也不免蛮干。1942年春，他和斯大林一样对战争形势过于乐观。他完全赞同斯大林的判断，既然已判明敌人将对我发动一场攻势，何不先发制人呢？于是他很快制订了在哈尔科夫方向的作战方案，并以急件呈送大本营。

1942年3月底，斯大林电召他飞赴莫斯科。国防委员会召开紧急会议，讨论西南方面军提出的进攻计划。会上总参谋长沙波什尼科夫元帅和朱可夫大将对计划怀有疑虑，但斯大林支持铁木辛哥："我们岂能坐等德寇首先突击！必须在宽大正面战场上先敌实施一系列突击。"一锤定音！铁木辛哥雄心勃勃地步出会场。

铁木辛哥对哈尔科夫战役充满自信，他对说三道四的怀疑论者说，我用脑袋担保战役的胜利。

铁木辛哥的自信来自对敌情的判断。德军在夏季可能从布良斯克、奥廖尔地域实施突击，并绕过莫斯科，前进至高尔基地域的伏尔加河，进而切断莫斯科与伏尔加河流域和乌拉尔的联系，然后攻占莫斯科。

根据这一判断，苏西南方面军和南方方面军在哈尔科夫实施进攻，一定会打乱德军部署，使苏军前进到基辅、切尔卡瑟、五一城、尼古拉耶夫一线。

铁木辛哥元帅差一点成功。

5 月 12 日，哈尔科夫。

树林中隐蔽着整装待发的苏军坦克。当旭日从雾气笼罩的天边冉冉升起时，铁木辛哥下达了开始进攻的命令，命令第一句话就透露出这位元帅的雄心："兹令我军展开决定性攻势。"

攻击起初进展顺利。苏军坦克三天内推进了 50 公里，德国人惊慌失措。冯·鲍克元帅打电话给希特勒，因为德第 6 集团军受到猛烈进攻。希特勒动用了克莱斯特集团军以攻对攻，形势突变，苏第 9 集团军防线被突破，并直接威胁到苏西南方面军突击集群的后方。

1942 年春夏之交，希特勒的愿望就是和斯大林在战场南翼决战，只要苏军敢打就行，正好一口把你吞了。铁木辛哥太自信了，当他发动进攻时，他不清楚进攻的正面，德军正屯集着 100 个师的重兵。当德军反攻时，他又以为是小股部队的骚扰，3 天后才做出反应，但为时已晚。战机稍纵即逝，保卢斯的第 6 集团军和克莱斯特军群合围了苏联 3 个集团军，苏军损失惨重，24 万人被俘。成千上万的红军牺牲，壮烈殉国的有方面军副司令员科斯坚科将军、第 57 集团军司令员彼德拉斯将军和战役集团军群司令员博布金将军。

苏西南战区元气大伤，铁木辛哥元帅把这次失败当成了终生耻辱。战役后期，铁木辛哥清醒过来采用且战且退战术，把突围部队带至顿河。不久，西南方面军撤销，铁木辛哥担任新成立的斯大林格勒方面军司令员。但他担任此职只有 10 天便被免去职务，从此再未被斯大林委以重任。

一场打胜了一半的战役落得如此惨败的结局，终于使斯大林清醒了过来，一招不慎，满盘皆输。

苏军在克里木半岛、哈尔科夫相继失利后，在列宁格勒、沃尔霍夫方向的进攻也接连受挫。希特勒的军队开始步步进逼，装甲部队浩浩荡荡地穿过南方草原，俄国人已无法堵住这股钢铁巨流。

苏军开始不战而退，清醒过来的斯大林明白了不能与德军在不利时机和地点上硬拼乱打，他只得忍下这口气。在德军一个月的围追堵击下，苏军相继后撤了150～400公里，已经退到了伏尔加河畔了。

二、战斗序幕的拉开

1942年7月，战火燃烧到了伏尔加河畔。

成千上万的德军坦克轰鸣着向前奔驰。一个月来，德军如一股旋风从哈尔科夫经罗斯托夫、沃罗涅日，向顿河弯曲部刮来。坦克途经的村镇、田野似末日来临，熊熊烈焰吞没了房屋、人群，尸横遍野，瘟疫肆行，整个大地布满了鲜血、死亡、痛苦和仇恨。

凶神恶煞的德军坦克冲垮了苏西南战区的层层防线，现在如同决堤的江河，在一片辽阔无际的草原上肆意横行。这一带没有高山峻岭，也没有莫斯科周围黑黑的森林，铁木辛哥的部队已无法阻挡它们逼向沃罗涅日两侧的顿河河岸，向斯大林格勒扑来。环绕该城奔腾不息的伏尔加河似乎在叹息、呻吟，变得惴惴不安，它在为斯大林格勒担忧，为俄罗斯的命运担忧。

不设防的斯大林格勒一夜间成了前线城市。

同一时刻。莫斯科，克里姆林宫。

华西列夫斯基上将坐在斯大林办公室，桌前摊着一张大幅地图。这位接替因病去职的沙波什尼科夫元帅的新任总参谋长正焦虑地向斯大林汇报战局，他困乏而清癯的脸上愁眉不展，一双眼睛因睡眠不足黯淡无光。斯大林铁青着脸听着汇报，手里拿着烟斗在屋内缓缓踱步。

前方的战报让人压抑、沮丧，甚至惊愕。仅仅三个月前，斯大林对战局充满乐观、自信，岂料战场形势逆转，冬季期间节节败退的德军突然如潮水般涌来，从克里木半岛到哈尔科夫，苏军全线溃退。斯大林还没好好思考一下，德军的坦克已冲向伏尔加河畔。

斯大林连连摇头，他后悔居然没有判断出希特勒夏季攻势的主要方向，更让他痛心的是哈尔科夫的惨败。现在为时已晚，斯大林格勒危在旦夕。

“斯大林同志”，华西列夫斯基打断了他的沉思，向他介绍起斯大林格勒防御状况。

斯大林格勒原名察里津，位于伏尔加河下游西岸。对这座以他名字命名的城市，斯大林是再熟悉不过了。1918 年苏联内战时期，斯大林率领红军打退了白匪军的进攻。战后它成为苏联南方交通枢纽和重要工业城市，共有一百多家企业，如“红十月”厂、拖拉机厂、“街垒”厂等。它还是通向粮食、煤炭、石油主要产区顿河下游和库班流域的门户。如果德军占领它，将一举切断苏联中部同南方的联系，夺取粮食和石油资源，还可北取莫斯科，南出波斯湾。斯大林不敢再想下去，他斩钉截铁地说：“斯大林格勒无论如何要守住，要不惜一切代价阻止德军前进。”

当时在斯大林格勒方向只有第 62、63 两个集团军，约 16 万人，2000 门大炮，400 辆坦克，454 架飞机。而进攻该城的德军有 5 个集团军，2 个坦克军，27 万余人，3000 门大炮，500 辆坦克，还得到德第 4 航空队 1500 架飞机的空中支援。于是斯大林做出了命运攸关的决定：组建斯大林格勒方面军，将驻守莫斯科的预备队调往该城。

一道道命令从克里姆林宫发往各地：

7 月 4 日，第 5 预备集团军司令员接到命令：“集团军主力火速进抵顿河东岸，其任务是固守顿河东岸。无论如何也不能让敌军渡过顿河。执行情况要及时上报。”

7 月 9 日，驻扎图拉集训的一支后备军被紧急改编为第 64 集团军，代司令员瓦西西 · 崔可夫中将奉命率部前往斯大林格勒加强防御。

7 月 11 日零时 20 分，第 62 集团军科尔帕克奇接到命令，要求部署在斯大林格勒地区的该集团军火速进抵该市附近，在克列茨卡亚至苏罗维基诺设置防线。

7月12日，大本营命令组建斯大林格勒方面军，统辖第62、63、64集团军及原属西南方面军的第21集团军、第8航空兵集团军。司令员由原西南方面军司令铁木辛哥元帅担任，赫鲁晓夫任军事委员，博金任参谋长。方面军的任务是固守顿河沿岸，从巴甫洛夫斯克至库尔莫亚斯卡亚500公里长的防线上作好战斗准备。

7月14日，苏联最高苏维埃主席团通过决议，宣布斯大林格勒进入战争状态。

危如累卵的时刻来临了。

铁木辛哥元帅随着溃退的苏军向伏尔加河畔撤去时，心里是多么不情愿，悔恨和内疚折磨着他，才几天人就瘦了一圈。望着周围军服上沾满血迹、尘土的士兵，他的心在淌血，眼神中流露出一种悲凉的表情。

当他接到最高统帅任命他担任新组建方面军司令时，他有点出乎意外，感动得两眼潮湿，暗暗下了决心，拼死也要顶住德军的进攻。

新组建的方面军在各级指挥员的努力下，开始向指定地域开拔。在通向斯大林格勒的大路小径上，出现了一支支由军队、汽车、坦克、炮车连成的急流，它们昼夜向伏尔加河奔去、向顿河草原奔去。在开阔的地带，每当天空出现德军飞机，这一股股车流、人流或就地待命、养精蓄锐，或跑步跳跃、加速前进，一走进伏尔加河畔，他们就按照命令，消失在茫茫的顿河草原里。

最先进入阵地的是科尔帕克奇少将指挥的第62集团军，该集团军编成内有6个步兵师、4个团和6个独立团，防守着从顿河大弯曲部的克列茨卡亚至苏罗维基诺约90公里防线。科尔帕克奇将军经历了多年战争考验，部队一到，马上组织防御，组织火力系统，对阵地实施观察。科尔帕克奇站在一座小山冈上，通过望远镜观察着周围的地形。他发现由于战线过长，苏军大部分阵地设置在光秃秃的草原上，没有来得及利用周围河流沟谷等天然屏障。这一地形对防守极为不利，却能有效地发挥德军空中和坦克优势，他不由地深深担忧起来。

科尔帕克奇不知道，其他部队准备状况更糟。第 64 集团军还在由图拉向斯大林格勒进军的途中。

自战争爆发以来，由于地处后方，斯大林格勒一直远离战场，城市的工人加紧造坦克、大炮支援前线。直到 1942 年 4 月 22 日夜晚，敌机才第一次大规模空袭了这座城市。随着夏季来临，前线不时传来令人不安的消息，满载疏散居民的列车也源源不断开进城市，斯大林格勒开始变得紧张起来。当局发现该城防御状况极糟，原先没有系统修筑过的城防工事，已修筑的防坦克壕和火力点，在春天里也被雨水淹没冲垮。1942 年 5 月 3 日，斯大林格勒市城防委员会收到上级一份文件，称："（1）我市境内的防御地区和工事当前急需大修，否则将无法用于防御，不可能成为防止德军摩托化部队前进的障碍。（2）防御地区的布设必须重新审查，在某些地区要有所变动，从四面处在开阔地的地区中迁移出来。"

6 月，斯大林格勒市开始沿城修筑环形野战工事。市民们积极响应，成千上万的工人刚下班就跑到城外掘战壕。到 7 月中旬，挖掘了简易战壕 2750 公里，防坦克壕 1860 公里。7 月 15 日，斯大林格勒市决定在城郊构筑第四道防御战壕。然而，没等工人们把简陋的壕沟挖完，战斗就打响了。

7 月 17 日拂晓，苏第 62 集团军第 192 师第 676 团在顿河草原的普罗宁村与德军第 6 集团军的先遣部队相遇。两军交火后，德国人的坦克就围了上来。第 676 团战士依仗地形顽强抵抗，德军投入了增援部队，连飞机都赶来助威，大炮轰鸣，眼看快被包围，苏军只得开始向后撤退，潮水般的德军向顿河大弯曲部涌来。

这场规模不大的遭遇战揭开了斯大林格勒大会战的序幕，它很快引起世人瞩目，逐渐演变成影响第二次世界大战进程的一次转折性战役。斯大林和希特勒就是从这一天起把各自越来越多的部队投入到这场旷日持久的血战之中，并最终决定了双方及整个二战战场的命运。

三、全线崩溃

被希特勒当作决战来打的夏季攻势，一直进展顺利。为了彻底击溃斯大林，希特勒决定将他在腊斯登堡的大本营迁往更靠近前线的位于俄国境内乌克兰的行营里。

1942 年 7 月 16 日上午 8 时 15 分，在保卢斯集团军向斯大林格勒发起进攻前一天，希特勒带着随从兴致勃勃地登上了飞机。

3 个小时后，飞机在乌克兰文尼察降落。“克虏伯”轿车沿着山间小路，驶往被矮树环抱的代号为“狼人”的暗堡。

盛夏的维尼察，白天酷热，夜里气温骤降。希特勒很不适应环境潮湿的新营地，他抱怨这里蚊虫太多，但前线的好消息大大缓解了他休息不好导致的情绪沮丧。保卢斯的军队进攻顺利，希特勒高兴地对秘书说：“用不了多久，我们可以离开这个鬼地方了。”

的确，德军进展十分顺利。陆军总参谋长哈尔德的工作日记记录了德军向前推进的辉煌战绩：

“7 月 13 日：南方战役的发展势不可挡。”

“7 月 16 日：会议讨论了即将开始的斯大林格勒会战的设想。”

“7 月 18 日：据侦察部门提供的材料，斯大林将动用全部力量以图坚守斯大林格勒，让军队渡过顿河并扼守该地域……元首在今天的报告里发布最高命令，要求全线强渡顿河，开始准备夺取斯大林格勒的交战。”

“7 月 20 日：第 6 集团军胜利地向东南方向推进。”

“7 月 21 日：保卢斯的部队迅速、果断地向斯大林格勒推进。”

“7 月 22 日：第 6 集团军的推进得到保障。顿河地区宿营警戒组织顺利！”

“俄国人全线崩溃了……”战争时期驻柏林的瑞典记者佛雷多尔格对局势做出了这样的评价。德军最高统帅部也充满了这种乐观情绪。

希特勒被一时的胜利冲昏了头脑，他以为苏军已无力进行抵抗，斯大林格勒可以在向前推进中唾手可得，不必在这个方向上使用重兵了，所以，他不顾一些下属的反对，放弃了德军的经典作战原则。

7 月 23 日，希特勒在维尼察召集他的军事将领开会。在仔细研究了前线形势后，希特勒决定加快进攻节奏，让霍特指挥的第 4 装甲集团军帮助 A 集团军群进攻高加索。攻打斯大林格勒只需保卢斯集团军就行了，因为俄国人快要完了，“只要最后一击，我们就扼住了斯大林的喉咙”。

本来，在希特勒的计划中，高加索的战略地位优于斯大林格勒。尽管斯大林格勒是工业城市，但高加索油田是苏联战时经济的基础。占领高加索等于切除了苏军的战争资源，德军坦克则会得到一直迫切需要的燃料。更重要的是德军越过高加索，德意两军就会携手共同占领英国统治下的中东，并迫使摇摆不定的土耳其对苏作战。高加索的目标关系到轴心国的全球战略。

战后英国军事历史学家富勒分析道，1942 年夏天，德军“只有一条路可走，就是摧毁俄国的经济力量，破坏俄军的物质基础。为此就必须夺取俄国的顿巴斯工业区、库班粮田和高加索的石油”。

里宾特洛甫也声称：“当俄国储备的石油用完时，俄国就要屈膝投降了。”

所以，在 1942 年 4 月 5 日，希特勒发出的第 41 号训令中，明确规定德军夏季作战的主要目标就是夺占高加索：“要把现有的兵力全部集中到南线去进行主要战役，以便将敌人消灭在顿河以西，尔后夺取高加索的油田并越过高加索山脉。”

由于苏军的失误，使德军夏季作战出乎意料的顺利，此刻希特勒认为德军能同时实现这两个目标，便兵分两路展开进攻。

希特勒发布了第45号训令，这个训令要求A集团军群加速向高加索方向进攻，并认为只需第6集团军的兵力，在A集团军群到达高加索山脉之前就可以夺占斯大林格勒。因此，他要求B集团军群从北面急速夺取斯大林格勒、阿斯特拉罕，并在伏尔加河地区巩固下来，切断高加索与苏联中部地区的联系。

这个作战计划，使德军分散在多个战役方向。

就这样，在斯大林格勒方向，德军只剩下保卢斯率领的第6集团军了。

■ 保卢斯

保卢斯，黑森人。他是小职员的儿子、罗马尼亚贵族的女婿。他为人谦逊，办事认真，待人和蔼且有礼貌，但过于谨慎，优柔寡断。他是训练有素、经验丰富的参谋军官，在步兵团供职时，官职升到上尉。接着，保卢斯便转入装甲部队，在一个摩托化试验部队当了几个月的指挥官，因此，他没有多少指挥经验。1940年被陆军总参谋长哈尔德选至参谋总部任重要职务，后任副总参谋长。在参谋总部任职时，他掌管过“巴巴罗萨”计划的大部分早期制订工作。1942年1月，保卢斯晋升为上将，并出任德军第6集团军司令。第6集团军是东线最大的一个集团军。

保卢斯较寒微的出身与谦恭的言表，受到纳粹党的青睐。希特勒显然很器重他，因为仅在11个月中，他就由中将迅速晋升为上将。希特勒在即将发动夏季攻势时，对保卢斯说：“如果我拿不到迈科普和格罗兹尼的石油，那么我就必须结束这场战争。”

哈尔科夫战役后，第6集团军士气旺盛。军队攻城拔寨，不到一个月就打到伏尔加河畔。17日在普罗宁村与苏军交火后，由于兵力不足耽搁了两天。等主力一到，苏军立刻溃退了，作战行动又按计划顺利进行。一周内，他的集团军已将顿河弯曲部的苏第62集团军包围，进抵到卡拉奇地区，距斯大林格勒市区只剩150公里了，也许不出几天就可以结束战斗。

此时，第6集团军内共有5个军，共18个师，其中有2个装甲师、1个摩托化师，这3个师组成了第40装甲军，由施图姆指挥。

7月22日，德国第6集团军司令部。

晚上8时，集团军各军司令官已准时到达司令部作战室。

“立正!”随着一声口令，保卢斯微笑着走了进来，他的身后紧跟着施密特少将和集团军首席副官亚当。

保卢斯优雅地举起双手，示意大家坐下，然后清了清嗓子，高声地说：“先生们! 刚刚收到元首签署的第45号作战命令，进攻斯大林格勒战役开始了。元首命令我们B集团军群的任务是，在向斯大林格勒推进的过程中建立起顿河防线，击溃正在组建的敌兵力集团，占领该城；封锁顿河和伏尔加河之间的桥梁以及河流。下面由施密特少将布置具体任务。”

施密特少将开始布置具体任务：“为了抢在苏军后备军赶来之前夺占该城，我集团军分成两个突击集群。北部集群由坦克第14军、步兵第8军（后来还有第17军）组成，位于佩烈拉佐夫斯基地区；南部集群由步兵第51军、坦克第24军编成，位于奥勃利夫斯卡亚地区。7月23日，两集团军在顿河大弯曲部内沿顿河河岸向卡拉奇推进，在该地区会师，强渡顿河，夺占斯大林格勒。”

施密特少将布置完任务后，走向一幅挂图旁，指着地图上的箭头介绍说：“苏军在斯大林格勒正集结重兵，司令官由戈尔多夫接替了铁木辛哥，在巴甫洛夫斯克到库尔莫亚斯卡亚一带设置防线，防线正面530公里，纵深120公里。兵力配备由第21、62、53、64集团军作第一梯队，第57、28、38集团军为预备队。别看有这么多集团军编号，有的是原西南战区溃退的散兵收容组成，有的刚从后方调来，缺少作战经验，武器装备严重不足。苏军的外围防线也只是一些普通的野战沟壕，对我军不会构成大的威胁。待战役打响后，意大利第 8 集团军，罗马尼亚第 3 集团军将赶来参战。”

待施密特布置完任务后，保卢斯站了起来，高声说：“先生们，攻打斯大林格勒是我集团军历史上最大的一次攻坚作战。我们必须明白，俄国人已危在旦夕，只要再来一次果断的冲击，他们就垮了。快去准备吧，你们动作要快、要猛！”

7 月 23 日拂晓，顿河右岸的上布律诺夫卡、马诺伊林和卡缅斯基一带响起激烈的枪炮声。德军北部集群以优势兵力向苏第 62 集团军右翼阵地扑来，苏军第 62 集团军近卫军第 33 师、步兵第 192 师、184 师奋起迎战。

在第 62 集团军近卫军第 33 师第 84 团的防御地域内，防坦克枪手博洛托、萨莫伊洛夫、别利科夫和阿列伊尼科夫所在的排，守卫着克列茨卡亚以南的一个山冈，经过残酷的战斗，只有他们 4 人幸存。

又一次战斗结束了。他们 4 人整修好工事，隐蔽在阵地前，边吃干粮边交谈着。

“如果没有干粮，我们吃别的东西也对付活下去，”博洛托掂着手中的干粮说，“可是如果没有炮弹和手榴弹，咱们准得完……”

话还没说完就被一阵坦克的轰鸣声打断了。他们警觉地寻声望去，只见一群坦克黑压压地开了过来。

“一共 30 辆，”别利科夫迅速数完坦克数量，给大家分配了任务，“怎么样，干吧。每个人分 7 辆，还剩 2 辆大家一起打。”

他们不动声色，将防坦克枪瞄准了远处的坦克群。德军坦克开始展开队形，准备向山冈发起冲击。身穿黑色军服的德国兵见山冈上没有动静，干脆全都打开坦克顶盖，将半截身子暴露在外面。

坦克越来越近，瞄准镜内的十字线看得十分清楚。博洛托瞄准行进在最前面的一辆，扣动了防坦克枪的扳机。

随着“轰”的一声巨响，坦克颤抖了一下，冒起一股黑烟。

紧接着，别利科夫瞄准第二辆坦克扣动了扳机！枪弹击中油箱，坦克立即燃起大火。

另外两位英雄也是首发命中，各击毁一辆坦克。稍后，博洛托和别利科夫又各瞄准一辆坦克，连开数枪，将两辆坦克打得趴在那里燃烧起来。

德国人发怒了。轰炸机开始轮番轰炸，把小山冈炸得树黑土焦。轰炸一停，阵地前又冒出德国人的坦克。他们这次将暴露的身子缩回到坦克里，向山冈凶猛地扑来。

4 位英勇的战士沉着应战，机动灵活，打一枪换一个地方，又连续击毁了数辆坦克。

敌人终于退走了，山冈附近留下 15 辆燃烧的坦克。

4 位战士的英雄事迹立刻传遍前沿阵地，阵地上掀起了杀敌竞赛热潮。这一天，第 84 团共击毁德军坦克 45 辆，打退了敌人数十次进攻。

次日，德军加强进攻，终于突破了苏 184 师、192 师的阵地，战斗打得异常激烈。

突然，德军以一个营的兵力出现在第 192 师司令部，师长扎哈尔琴科上校立即组织参谋人员反击。扎哈尔琴科率领 20 余位师部参谋边打边退。

这时，一架德国飞机从低空飞来了。扎哈尔琴科端起机枪对空就是一阵猛射，德机被击中油箱凌空爆炸。

这时一颗炮弹落在他的身旁，随着一声爆炸，扎哈尔琴科当场牺牲。这一天苏第 192 师伤亡过半。

7 月 24 日夜，德军北部集群突入第 62 集团军的防御纵深，双方发生激战。德军航空兵对集团军阵地狂轰滥炸。

德军最后突破了第 62 集团军右翼，并包围了布置在右翼的苏步兵第 184 师、192 师，近卫步兵第 33 师、坦克第 40 旅和 3 个炮兵团。

第 62 集团军司令部位于顿河左岸的卡梅什村。此时，科尔帕克奇少将心急如焚，他与政治委员古洛夫商定后，决定组织力量实施反冲击，恢复集团军整个右翼的原有态势，并向方面军司令部汇报了情况。

苏军战士冒着飞机和炮火的轰炸，向德军发起了英勇的反击。德军凭借飞机和坦克的优势，突破了第 62 集团军的防御正面，在卡拉奇以北 20 公里处的卡缅斯基地区渡过顿河，开始从北面深入纵深并包围了第62集团军的左翼。科尔帕克奇少将将步兵第196师和坦克第649营调往该地。

第62集团军的处境越来越困难。

此刻，苏军第64集团军同样在困境中抗击着进攻的敌人。

第64集团军7月上旬奉命由图拉南下，7月17日司令部接到斯大林格勒方面军司令员的训令："第64集团军辖步兵第229、第214、第29和第112师，第66和第154陆战旅，坦克第40和第137旅，应于7月18日夜晚前进到苏罗维基诺、下索洛诺夫斯基、佩歇尔斯基、苏沃罗夫斯基、波捷姆全斯卡亚、上库尔莫亚斯卡亚一线组织防御，以顽强的战斗阻止敌人向斯大林格勒进犯。同时每个师应派出一个团的兵力，并配属有炮兵，组成前进支队，配置于齐姆拉河地区。"

此时，第64集团军才刚下火车，距离斯大林格勒方面军指定的防御地区有120多公里，于是连夜奔袭。7月24日，部队才集结完毕，在苏沃罗夫斯基至上库尔莫亚斯卡亚地带展开防御，并立即与德军接上了火。

四、形势糟透了

7月23日，就在德国人在顿河大弯曲部发动猛烈攻势当天，华西列夫斯基上将匆匆赶到莫斯科机场，登上了一架在此等候的专机。他是以统帅部代表身份奔赴斯大林格勒的。

望着窗外掠过的浮云，华西列夫斯基想起临行时斯大林对他说的话："敌人采用了声东击西的战术。他们把一些部队调到齐姆拉河吸引我们注意，借此机会将主力调到第62集团军右翼。现在顿河弯曲部危机已影响全局，你要想办法恢复原势态。"

飞机徐徐降落在斯大林格勒机场，新任方面军司令员戈尔多夫亲自到机场迎接他。戈尔多夫阴沉着脸，华西列夫斯基知道前线的形势比他想象的要严重得多。

当日，华西列夫斯基就召集方面军领导召开作战会议。戈尔多夫首先介绍了方面军的防御情况，他说：

“已经接到第62集团军的报告，第62集团军的右翼被德军突破，第64集团军也面临德军强大的攻势。与第62、64集团军对峙的德第6集团军在数量上占有绝对优势：其步兵为我军的1.5倍，炮兵为我军的2.6倍，坦克为我军的2倍。而我们的阵地工事简陋，第64集团军刚进入阵地就投入战斗，弹药不足、缺乏经验影响了战局。整个战争形势十分严峻……”

听完戈尔多夫的介绍，华西列夫斯基分析说：“保卢斯为什么要集中力量攻击第62、64集团军呢？这意味着两点，敌人采用两翼突破纵深包围战术，围歼第62集团军，同时进抵卡拉奇，强渡顿河，在行进间占领斯大林格勒。这一招好狠毒！现在德国人第一目的已经达到，无论如何要阻缓敌军进攻势头。我们再不采取果断措施，我军整个防线就崩溃了。目前第21、62、63、64集团军正在与敌交战，唯一可支配的只有正在组建的坦克第1和第4集团军。”

实际上坦克第1集团军才刚组建一天。

7月22日，第38集团军司令莫斯卡连科少将接到命令，将部队改编为近卫第1集团军，下属坦克第13、第28军，步兵131师，两个防空炮兵团，一个反坦克炮兵团和第168坦克旅。

第二天，莫斯卡连科接到方面军的命令，让他两天后向敌发起反突击。接到命令后，莫斯卡连科立即带领部队出发，边走边进行战斗准备。

7月25日，天刚破晓，德军第6集团军北方集群的坦克部队已逼近卡拉奇渡口，离渡口仅剩最后二三公里的路程。

卡拉奇正好处在第62集团军和第64集团军的结合部，如果让德军占领渡口，德军会源源不断渡过顿河，就会将2个集团军分割开来。

在这危急时分，莫斯卡连科带领他的坦克部队赶到了。他指挥部队向敌人发起进攻。

一场坦克遭遇战开始了。

莫斯卡连科在阵地前举着望远镜观察，只见坑坑洼洼的荒坡上，两股坦克集群在全速前进中猛烈撞击，并不停地喷射着火焰。空中传来飞机引擎的轰鸣声，几架德国飞机赶来俯冲投弹。

莫斯卡连科仔细观察着战场形势，他认为从侧翼突击敌人的有利时机到了。他接通了坦克第 28 军军长的电话："罗金上校，快组织突击队从侧翼进攻。"

不多时，敌人坦克战斗队形的侧翼出现了十几辆苏军坦克。德军坦克队形立即大乱。

德军开始全面撤退，苏军坦克占领了阵地，并迅速组织防御，准备抗击德军的再次进攻。

在距斯大林格勒 150 公里的顿河西岸，德军陷入了旷日持久的血战。从卡拉奇地域向西北方向对敌实施的首次反突击，制止了德军沿顿河右岸向南继续进攻态势。

卡拉奇渡口终于转危为安，敌人继续向东推进的行动被阻止了。

华西列夫斯基付出了不少代价，才阻止了德军占领卡拉奇，但还没有来得及高兴，他又为第 64 集团军阵地的安危担忧了。

7 月 25 日，德军以 2 个步兵师和 1 个坦克师的兵力攻打第 64 集团军第 229 师，该师仅有 5 个营的兵力，却防守着 15 公里宽的正面地带。德军在数量上占绝对优势，但接连发动数次进攻都失败了。

战至中午，阵地上的苏军死伤过半，弹尽粮绝。德军在一次猛攻后终于得手。该师指挥所亦受德军攻击，师长被迫后撤，与部队失去联系。

次日，德军坦克潮水般地辗过苏军第 229 师防线，快速向顿河右岸推进。

如果不立即阻止住德军的推进，让德军从南面逼近苏军第 62 集团军的翼侧和后部，苏军的防御将会陷入全面的被动。

朱可夫接到报告后，急调海军陆战第 66 旅的一个炮兵营前去拦截。

朱可夫站在前沿掩蔽部，面色焦急，一只手拿着望远镜，另一只手拿着电话筒，扯着沙哑的嗓门喊："中尉同志，无论如何得挡住敌人的坦克，你的后方已经没有预备队了。"

炮兵营长达特里耶夫中尉带领部队占领阵地后，还没挖好工事，德军的坦克就出现了。25 辆坦克在距炮兵发射阵地 2 公里的地方展开队形，一边向前开进，一边猛烈射击。

坦克离炮兵阵地的距离太远，如果马上开火效果不好。因此，炮手们不管敌人火力有多猛，始终保持沉默，他们在耐心地等待着战机的到来。

有的战友中弹倒下了，有的战友的伤口在流着鲜血。他们看在眼里，记在心上，仍然默默地等待着。

敌人的坦克越来越近了。当还有 400 米时，营长一声令下，全营的火炮同时怒吼。转眼之间，好几辆德军坦克起火冒烟。

但是，其余坦克吐着火舌，继续向前冲击。

炮兵营的伤亡越来越大。炮手牺牲了，立即由侦察员和通信员顶上来。

经过 1 个小时的战斗，德军丢下 12 辆被击毁的坦克，狼狈地退了回去。

7 月 28 日 16 时 45 分，苏联最高统帅部向戈尔多夫将军下达命令：

"鉴于奇尔河口以南第 64 集团军步兵第 214 师已撤到顿河东岸，敌人也在这里抵达西岸，下奇尔斯卡亚至斯大林格勒方向是目前整个战线最危险的方向，因而也是最主要的方向。危险就在于，敌人渡过顿河后，势必从南面向斯大林格勒迂回，并进入斯大林格勒方面军的后方。

"方面军近日的主要任务是：第 64 集团军各部队，连同抵达卡拉奇及其以南的步兵第 204、321 师和坦克第 23 军，要积极行动，最晚不迟于 7 月 30 日粉碎在下奇尔斯卡亚以南抵达顿河西岸之敌，并在这里全面恢复对斯大林格勒地区的防御。"

第 64 集团军为掩护在顿河作战的第 62 集团军左翼，朱可夫将军把步兵第 112 师派往顿河右岸洛戈夫斯基地区，占领奥辛诺夫斯卡亚至上奇尔斯卡亚的防御阵地，将步兵第 229 师各部调往苏罗维基诺至奥辛诺夫斯卡亚地区。

步兵第112师抵达指定地区后，德军从第一阵地被击退，继而攻到上奇尔斯卡亚车站。步兵第229师掩护着第62集团军右翼。

这样一来，形势有所好转，为组织新的防御赢得了时间。

这样，在第64集团军正面，德军没有达到预期目的。敌军突破第64集团军第一防御地带后，未能继续发动进攻，被迫放弃在该地强渡顿河的打算。集团军各部队充满了阻止和击溃敌人的信心。

德军第6集团军的南部集群被滞留在苏罗维基诺。战线在这一地区稳定下来了。

敌人虽未能像他们的指挥部打算的那样，于7年25日占领斯大林格勒，但斯大林格勒的形势仍然是危险的。

7月底，在顿河大河湾和斯大林格勒方向，激烈的战斗一直在进行着。枪炮声隆隆不断，硝烟弥漫着整个天空。

疯狂的法西斯匪徒与英勇的红军战士争夺着每一寸土地，抢占着每一个顿河渡口。双方都损失惨重、筋疲力尽，但双方仍然在进攻和防御。一望无际的草原上热浪滚滚，战斗的激烈程度也像炎热的天气一样，掀起了更大的热潮。战场上弹坑密布，血肉横飞，这越发激起了双方拼死相搏的斗志。

最高统帅斯大林一直在关注着斯大林格勒的局势，这不仅是因为这座以他的名字命名的城市不允许受到玷污和蹂躏，而且是因为这座城市对贯通苏联南北、保障燃料运输至关重要。

1918年，正是他，挥戈跃马，统帅大军，在这里击溃了邓尼金匪帮……他想起了当年的战斗生活，想起了激烈的战斗情景，想起了他喜欢常去领略的斯大林格勒的市容民风。

他常去那里消夏。和平时期的夏夜，斯大林格勒是那样的怡然、宁静。城郊宽广的草场上，星星在天空含笑，清晰明亮；伏尔加河在月色中闪动着粼粼波光，凉风习习；小虫在草丛中低吟，欢快的人群踏着舞步，尽情地歌唱，悠扬的手风琴声传得很远很远。

然而，在这同样的夏夜，他再也不能享受这美好的一切了。那宽广宁静的草场已经变成了弹坑密布的战场，欢快而悠扬的手风琴声已经变成了炮弹的轰鸣，伏尔加河的粼粼波光已经被鲜血染红……

这都是德国法西斯分子造成的，决不能让他们的罪恶目的得逞。一定要顽强抵抗，坚决阻止敌人的进攻。

要死守！

死守！斯大林无数次地重复着这个命令。

面对德军的强大攻势，顽强的红军被迫一步步向后撤退，渡过顿河，沿河岸展开新的防御。灼热的尘土伴送着一批批后撤的战士，头顶上成批地落下敌人的炸弹。许多兵团撤退时秩序紊乱，给防御部署带来了新的困难。

第1和第4坦克集团军的反突击，第62、第64集团军的艰苦防御虽然暂时稳定了战线，但敌人正在调兵遣将，大规模的进攻仍然要继续，顿河沿岸以至整个斯大林格勒的局势仍然很紧张。德军从第62集团军两翼实施纵深包围，并进抵第64集团军防御的下奇尔斯卡亚地区。

7月28日，总参谋长华西列夫斯基上将回到莫斯科，向斯大林汇报前线情况。临结束时，斯大林突然谈起了部队的状态问题：

“各个部队把1941年8月16日大本营的第270号命令都忘记了，都给忘记了，特别是各级司令部。您要起草一个给部队的新命令，基本思想是，未接到命令就退却是一种犯罪，它将受到战时最严厉的惩处。”

“什么时候把命令呈报给您？”

“就今天，文件一拟好，就送来。”

华西列夫斯基上将将拟好的命令交给斯大林。斯大林特别详细地审订了最后几点，然后命令以国防委员会的名义送发各部队。

7月28日，意义重大的第227号命令发布了。命令毫不隐讳地说明了当前局势的复杂性和危险性，要求军人们停止后退，坚决挡住敌人的攻势：

“敌人正不惜任何代价往前线投入精锐部队。他们拼命向前推进，扑向我国腹地，不断占领新的土地，洗劫我们的城市和村庄。他们奸淫妇女，抢掠财物，残杀人民。

“战斗正在沃罗涅日，在顿河流域，在南方靠近北高加索的大门口进行。德国占领军正扑向斯大林格勒，冲向伏尔加河，妄图不惜一切代价占领库班河和北高加索，攫取那里的石油资源和粮食资源。

“敌人已经占领了伏罗希洛夫格勒、斯塔罗别尔斯克、罗素什、库普扬斯克、瓦卢伊基、新切尔卡斯克、罗斯托夫和半个沃罗涅日……在失去乌克兰、白俄罗斯、波罗的海沿岸、顿巴斯和其他地区以后，我们的土地大大缩小了。人口、粮食、钢铁、厂矿也减少了许多。我们失去了7千多万人口、年产8亿多普特粮食的产粮区及年产1千多万吨钢材的生产能力。

“现在，我们已失去了人力资源的优势，也丧失了粮食储备的优势。继续后退不是意味着自杀，就等于亡国。

“我们每失掉一寸土地，就等于加强了敌人，就会极大地削弱我们的防御，削弱我们的祖国。因此，必须从根本上清除无休止退却论，清除‘我国地大物博，人口众多，粮食取之不尽’之类的论调。这些论调是错误的、有害的。它将削弱我们的斗志，助长敌人的威风。如果我们不停止退却，我们就会失去所有的粮食、燃料、钢铁、原料、工厂和铁路。由此可见，是停止退却的时候了。

“‘不准后退一步’，这应当成为我们当前的主要口号。要不惜流血牺牲，顽强地坚守每个阵地，每寸领土，要死守每块国土，直到生命最后一息。

“我们的祖国正处在危难之际。我们应该站稳脚跟，然后不惜一切代价击退并消灭敌人。德寇并不像某些惊慌失措分子想象的那样强大，他们已成为强弩之末。在眼前和近几个月内顶住敌人的突击，我们就可稳操胜券。

“我们能够顶住敌人的突击。然后把他们赶回去吗？能够。因为现在我们后方工厂的生产在突飞猛进，我们的前线正在得到越来越多的飞机、坦克、大炮。

“我们还缺什么呢？我们缺的是，在所有部队中建立铁的秩序和纪律。这是我们当前致命的弱点。如果我们要挽救局势，捍卫祖国，就必须在军队中建立起严格的秩序和铁的纪律……

“惊慌失措者和胆小怕死者要就地枪决。从今以后，每个指挥员、红军战士、政工人员都应遵守这个铁的纪律：没有最高统帅部的命令，不准后退一步。”

227 号命令简而言之归结为以下几条：

1. 无条件地消除退却的情绪。

2. 无条件地撤销听任部队擅自撤离阵地的集团军司令员的职务，并解送大本营交军事法庭审讯。

3. 在方面军中成立 1～3 个（视情况而定）惩戒营（每营 800 人），派中级和高级指挥员和相应的政工人员前去任职……

227 号命令极大地震动了苏军指战员，对部队的士气产生了巨大影响。

它让每个军人在了解前线面临的严重局势的同时，也加深了对这个严厉命令的正确理解。这个命令引起了苏军的强烈反响，每个战士、每个指挥员都深深地感到了对祖国、对人民应负的责任。的确，他们已经无路可退了。

第 227 号命令鼓舞了前线将士的士气，激发了他们顽强拼搏的精神。德军的突击遭到了更加顽强的抵抗。

五、血溅顿河

霍特的坦克第 4 集团军有坦克第 48 军（坦克 14 师和摩托化步兵第 29 师），步兵第 4 军（步兵第 94、317 师）和罗马尼亚第 6 军。自夏季作战以来，坦克第 4 集团军连战皆捷，士气正旺。接到希特勒命令后，即刻南下，只用三天时间就驰驱数百公里，7 月 29 日未遭抵抗渡过顿河，出现在斯大林格勒南部。

这一地区由苏第 51 集团军设防，该集团军只有 4 个步兵师、2

个骑兵师，防线长达200公里，兵力分散，又没有坚固工事，而德军是坦克、火炮和飞机联合作战，只几个回合，防线就垮了。

第4集团军长驱直入，配合西南方向保卢斯军团，不顾一切冲杀过来。8月3日，进至阿克赛河；8月5日，向阿勃加涅罗沃、普洛多维托耶推进；8月7日，向会让站、京古塔车站冲来。

形势万分危急！苏军最高统帅部立即做出反应：

命令第62集团军加强顿河以西阵地防御，挡往保卢斯军团突击；

命令第64集团军在霍特军团突破方向（格罗莫斯拉夫卡、京古塔一带）设置纵深防御；

命令第64集团军副司令员崔可夫中将（7月28日舒米洛夫少将任该集团军司令员）率独立战役集群（步兵29、138、157师，坦克第6旅、第154海军陆战旅、2个炮团）奔赴阿克赛河一带，堵住南部缺口。

命令……

经过一番调兵遣将，两军在顿河大弯曲部展开了激烈较量。包围与反包围、冲击与反冲击，冲上去、打下来，阵地前的掩体、堑沟、弹坑都成了争夺焦点。无休无止的拉锯战，使顿河上浮现起殷红的鲜血，炮弹爆炸开来，飞溅起血染的水花。

8月5日，在阿克赛河一带，霍特第4军团气势汹汹地向柳德尼科夫上校的第138师和库罗帕坚科的第157师扑来。德军采用惯用战术，先是飞机轰炸，尔后火炮射击，继之步兵和坦克进攻。趁苏军立足未稳，一天内竟发动十数次进攻，终于冲垮苏军顽强的防守，从两个师的结合部深深地突入数公里。

当晚，崔可夫将两位疲惫的师长从阵地上找来，告诉他们德军在前面山谷集结了大批坦克。“在他们凌晨发动进攻前”，崔可夫信心十足地说，“用炮火把狗日的揍趴下。”

次日破晓前，第138师和第157师所有400余门大炮都指向了那一片幽幽的山谷。“开炮”，随着一声令下，万发炮弹如一阵冰雹倾泻在那窄窄的山谷里，群山在颤抖，发出轰鸣。崔可夫从望远镜里看到山谷里冒起一股股浓浓的黑烟和火焰，数十辆坦克燃烧起来，发出噼啪响声，惊慌失措的德国人正四处溃逃，崔可夫脸上露出了满意的笑容。

足智多谋的崔可夫将军将山谷里的德军击溃，仅仅只使疯狂的德国人发起冲锋推迟了数小时，战场上态势依然严峻。同一天，斯大林根据形势变化，调整了苏军指挥系统，将原斯大林格勒方面军分为两个独立方面军：东南方面军由戈尔多夫中将任司令员，管辖第64、57、51、近卫第1集团军，坦克第3军和航空兵第8集团军；斯大林格勒方面军由叶廖缅科上将指挥，管辖第21、62、63集团军，坦克第4集团军，第8军和航空兵第16集团军。斯大林在给两位方面军司令员的训令中，命令他们要不惜一切代价和牺牲，粉碎德军从南、西两个方向进攻斯大林格勒的企图。

此时，南面霍特军团终于凭着优势兵力冲破崔可夫集群防御阵地，向苏64集团军左翼——阿勃加涅罗沃和京古塔区域进发。经过两天激战，势单力薄的苏军被击溃，德军占领了会让站。这里距斯大林格勒市区只剩30公里。

霍特军团的进攻使叶廖缅科上将极为不安。8月7日，他搜罗了方面军所有的预备队和装备，共4个师，1个坦克旅，让部队全力抵挡德军进攻。在会让站，坦克第133旅表现出色。旅长布勃诺夫少校进攻前对全旅官兵说："弟兄们，我们没有退路了，我们身后就是伏尔加河和祖国。"他一说完就率先驾驶着一辆KB式坦克向德国人冲了过去。德军终于被赶出会让站，但第133旅1200多人伤亡近400人。

德军并不甘于失败，又源源不断投入新的兵力。坦克混战一直持续到8月17日，双方损失都很大。

西面的保卢斯军团乘霍特军团节节推进之机，也发动了攻势。7日晨，德军以两个军的兵力向第62集团军南北两翼发起攻击。第62集团军撤至顿河左岸。

8月12日，华西列夫斯基将军再次飞抵斯大林格勒督战，疲惫不堪的苏军在缺少树木的顿河草原上仓促挖掘战壕，组织新的防线。

15日晨，保卢斯以16个师的兵力将苏军第62集团军切割、包围。凌晨5时，突然响起的枪炮声打破了草原寂静。从地面到空中到处马达轰鸣，子弹射击声、炸弹爆炸声震耳欲聋，德军坦克凶猛地涌了过来，空中密密麻麻的飞机向苏军阵地俯冲轰炸。

苏192师殊死抵抗。参谋长塔兰采夫重伤身亡，师长茹拉廖夫上校身负重伤，昏迷过去。师政治部主任谢列布里亚尼科夫指挥全师抵抗，亦阵亡。全师三千余人，除数百人突围外，全部阵亡。

位于顿河右岸的苏184、205师亦损失惨重，阵地前布满双方士兵尸体。

8月17日，德军以惨重代价占领顿河左岸。历时一个月的顿河弯曲部战斗拉下帷幕。在这一个月中，苏军顽强抵御，使德军总共才推进60~80公里。

17日晚，保卢斯获悉部队已占领顿河弯曲部，大大松了一口气。尽管德军为此付出很大代价，但他脸上依然挂着骄横的神色。他对副官亚当说："该发动总攻击了。"

19日下午18时45分，保卢斯在他的司令部签署了"进攻斯大林格勒"的命令。命令中第一句就狂妄地宣称："由于近几周的致命突击，俄国人已经没有力量进行坚决的抵抗，大获全胜指日可待。"

保卢斯签署这份命令时绝不会想到，他正带领着第6军团向陷阱走去。

伏尔加河畔的决战进入了白热化。

六、丘吉尔来访

克里姆林宫，斯大林办公室。

斯大林眼睛正盯着墙上标有红蓝箭头的斯大林格勒地图。顿河弯曲部已落入德军手里，德国人正从南、北和西北面向斯大林格勒市区逼近，斯大林格勒情况越来越糟糕。突然，办公室的门轻轻响了一下，外交人民委员莫洛托夫走了进来。

“丘吉尔来了，他要与我们商讨对付希特勒的计划。”莫洛托夫语调有些激动地说。

“是吗？那就太好了。”斯大林有点不敢相信这一消息，阴沉的脸上终于露出了笑容。

苏德战争爆发后，希特勒把大部分军队投入到东方，在欧洲只维持着30个师。

1941年7月，斯大林致函丘吉尔，希望英国在欧洲开辟对德作战第二战场，使德军在两条战线作战。丘吉尔答称，目前在西欧登陆，“意味着流血与失败”，此事便不了了之。

珍珠港事件后，英、美、苏三国结成战时同盟。美国参谋总部的将军们发现，盟军横渡英吉利海峡并在法国登陆，从军事上看，是“直捣德国心脏的一条捷径”，为此制定了在欧洲大规模登陆方案，并鼓动丘吉尔同意这一代号为“霸王”的计划。

1942年5月，莫洛托夫和伊萨伊夫少将应英、美两国政府邀请先后访问伦敦、华盛顿，苏联与美、英两国签署了互相援助议定书和同盟条约。应苏方要求，美、英、苏三国公报向外宣布，“会谈中就1942年在欧洲开辟第二战场这个刻不容缓的任务达成了圆满协议”。

公报发表，激起强烈反响，英国《泰晤士报》1942年6月12日声称：“英苏友谊和合作已经奠定了牢固的基础。”同一天，《每日电讯报》写道：“由美国和英联邦根据该条约规定的方针同俄国采取一致的行动，欧洲可以指望出现一个100年来最为安全的时期，全世界也可能会进入一种最为幸福的秩序。”

美国报纸也一致欢呼三国结盟，《纽约时报》6月12日评论道，这将“预示着力量均衡的一次根本变化，这对欧洲的未来可能产生巨大的影响”。

在莫斯科，浴血奋战的苏联人从西方盟国身上看到了赢得战争的曙光。《真理报》6月20日宣称，条约是“投进敌人营垒里的一颗炸弹”。当莫洛托夫圆满结束对英、美两国的访问，在莫斯科机场走下飞机时，他发现人民已把他当作凯旋英雄来迎接。

7月18日至25日，罗斯福总统的代表霍普金斯、马歇尔上将、金上将在伦敦与英国军政界要人进行了会谈。会议几经周折，在丘吉尔首相的不断努力下，美英双方最终达成共识，准备在年底前实施代号为“火炬”的北非登陆作战计划。

8月12日，丘吉尔飞赴莫斯科。丘吉尔到达莫斯科后，当天晚上就与斯大林进行了会谈。会谈最初两小时的气氛阴郁沉闷。丘吉尔一开始就提出第二战场问题。

他说：“我愿坦率地说，也希望听取斯大林先生的意见，若不是为了可以讨论现实问题，我也不会来莫斯科。正如你们所知道的，英美两国正准备在1943年进行一次规模很大的军事行动，并计划100万美军在明年春季到达联合王国的集结地点。不过，我认为，这个计划对今年的苏德战场是毫无帮助的，而且当我们明年实施这一计划时，德国在西欧可能会有一支更强大的陆军。”

说到这里，斯大林紧皱了一下眉头，但未说话。丘吉尔继续说：

“我有充分的理由反对在1942年进攻法国。我们所有的登陆工具只能运送6个师的兵力进行登陆作战。如果成功了，还可以运送更多的兵力，但是登陆工具却是个限制因素。”

斯大林脸阴沉了下来，他似乎并没有被丘吉尔的论点说服，问道：“是否法国海岸的任何一段都不能登陆？”

丘吉尔拿出一份地图，指出除了横渡英吉利海峡以外，在任何地方空军掩护都很困难。

斯大林的脸色更加阴沉了，毫不客气地说：“据我所知，你们是不能用大量兵力来开辟第二战场甚至也不愿用6个师登陆了。”

丘吉尔答道：“是的，的确如此。我们能够用6个师登陆，但这样的登陆有害无益，它会大大地妨碍明年计划进行的巨大战役。战争是战争，不是开玩笑。如果惹起对谁都没有好处的灾难，那就太愚蠢了。不过，请您相信，我们不是怕受损失而不愿尽早开辟欧洲第二战场。”

斯大林不以为然地摇了摇头，说：“我对战争有不同的看法。不冒险，就不会取胜。为什么你们这么怕德军呢？我真不明白。我认为军队就必须在作战中流血，不流血，就不可能了解军队的力量。”

谈话至此，场上出现令人窒息的沉默。斯大林又强调说：“假如你们今年不能在法国登陆，我也无权要求或坚决主张登陆，但我必须说，我不同意首相阁下的论点。”

丘吉尔又打开一张南欧、地中海和北非的地图，然后说：“我看有必要对第二战场进行界定。它是否只是指在法国海岸进行的登陆战，它能否采取有助于我们共同事业的其他大规模军事行动的形式呢？如果我们把德军牵制在加来海峡，同时在其他地方进行攻击，不是更有希望吗？”

闻听此言，斯大林眼睛为之一亮，会谈的紧张气氛也随之得到了缓和。丘吉尔适时地抛出了“火炬”计划。他说：

“我要谈谈1942年的第二战场问题，我正是专为此而来的。我并不认为法国是唯一的地点，应该还有别的地点。我们和美国人另有计划，罗斯福总统授权我来秘密通报你们，请注意保密工作。”

斯大林端正地坐着，一本正经地说：“我倒希望英国报纸上一点消息也不走漏。”

接着，丘吉尔简明扼要地介绍了“火炬”计划。斯大林极感兴趣地听着，他问道：“从军事上看，这次行动是不是正确的帮助呢？”

丘吉尔说：“我们很想为俄国方面解除紧张局势。如果此时我们进攻法国，可能遭遇强大的反击。如果在北非进攻，则会有很大的胜利机会，那样对欧洲也有帮助。占领北非，就可威胁希特勒欧洲的腹部，希特勒就会从苏德战场调回他的空军。假如行动成功，明年我们就能对希特勒给予致命的打击。”

为说明此点，丘吉尔又画了一张鲜鱼的图形给斯大林看，风趣地说：“我们在打鱼的鼻子时，也要攻击它的柔软的腹部。”

听了丘吉尔的介绍，斯大林脸上终于露出了会意的微笑，最后他说道：“我已理解你们的意图，我认为，‘火炬’计划有4个优点：第一，它会打击隆美尔；第二，它会威胁西班牙；第三，它会使德国人与法国人在法国发生战斗；第四，它会使意大利首当其冲。”

斯大林如此敏锐的战略眼光和精辟的概括，简直让丘吉尔服了。多年后，他回忆说："没有几个人能在几分钟内了解我们大家几个月以来一直争论不休的那些理由，但他却能在一刹那间了解全部情况。"

会谈的气氛已经变得很融洽了。

8 月 13 日，斯大林收到的前线战报说，南方战场的形势正在严重恶化，德军展开的夏季攻势正在向巴库逼近。斯大林深感不安。近 2 个月来，他一直寄希望于英美盟军开辟欧洲第二战场，现在看来，已经泡汤了。昨天，丘吉尔又说，英美准备在 1942 年开辟北非战场，实施"火炬"计划，过 2 个月会不会又泡汤呢？斯大林不能不担心。他决定抓住英美违背开辟第二战场的承诺大做文章，间接地试探丘吉尔对实施"火炬"计划的决心有多大。

当天晚上，斯大林与丘吉尔举行第二次会谈。斯大林振振有词地说：

"英国拒绝在 1942 年开辟欧洲第二战场，使苏军处境更困难，并且破坏了苏军的作战计划，对苏联'是一个精神上的打击'。苏联认为，1942 年具备开辟欧洲第二战场的最有利的条件，因为几乎所有的，而且是精锐的德军都被吸引在东线。英美违背诺言，过分地害怕同德国人作战，假如英美能像苏联那样试一试，就不会怕德国人。另外，英美没有兑现向苏联提供物资援助的诺言。"

丘吉尔完全没有料到，头一天晚上还谈得很融洽，仅仅一天之隔，斯大林的态度竟然变化这么大。他反复地回答说："希望斯大林能理解英美的决定，责备是无用的，开辟欧洲第二战场计划不会成功。"

斯大林进一步发起攻势："英美在法国的瑟堡半岛登陆 6 个至 8 个师的兵力应该是可能的……如果英军像苏军那样对德作战，就不会这样害怕德军了。"

丘吉尔有些沉不住气了，他回答说："斯大林阁下在谈到俄国陆军的英勇时说的一番话，我不计较。至于向瑟堡登陆的建议，没有充分考虑到英吉利海峡的存在。民主国家很快就要用行动来证明自己既不懒惰也不胆怯，它们准备像俄国人一样抛头颅、洒热血……我感到痛心的是，俄国人并没有认为西方盟国在共同的事业中正在尽自己最大的力量。”

看到丘吉尔这种急于表白的样子，斯大林终于笑起来了，对丘吉尔说：“你的话并不重要，重要的是你的精神。我们不必再争下去了，我接受你们的决定。我喜欢听丘吉尔先生发言的声调。”

现在，斯大林终于确信，英美关于开辟北非战场的计划是认真的。

第四篇
浴血奋战

德军进到城来，乐得昏了头脑，个个都像醉汉似的从车上爬下来，狂呼怪叫，吹着口哨在人行道上蹦蹦跳跳。苏军狙击手、防坦克枪手、炮手则冷静沉着地隐蔽在房屋、地下室和木质发射点里以及房屋的拐角处严阵以待。

一、决不放弃斯大林格勒

德军第6集团军司令部，坦克第14军军长维特斯海姆上将正在向保卢斯汇报作战情况。维特斯海姆神情忧郁，对战争充满悲观情绪。

保卢斯听完他的汇报，鼓励他说："只要再发动一次大规模的进攻，俄国会垮下的。"

维特斯海姆有点不以为然，感叹地说："我军在突入到伏尔加河岸的7天作战中，感到俄国人不是好惹的。他们顽强抵抗，视死如归。俄国军队有斯大林格勒全城老百姓的支援，拼命反击。市民们也都拿起了武器，表现得异常勇敢。战场上躺着战死的工人，他们身上穿着工作服，僵硬的手里还紧握着步枪和手枪。在被击毁的坦克驾驶舱里，直挺挺地坐着许多身穿工作服的死者。"

保卢斯似乎也有同感，"俄国人的抵抗精神的确有点可怕，但他们现在已经被围困，最终将弹尽粮绝，被我们消灭在斯大林格勒城"。

维特斯海姆对这些自欺欺人的话已经厌倦了。他说："我认为斯大林格勒是一个巨人的坟墓，我不相信德军能够攻下这个巨人般的城市，最好是将第6集团军撤离伏尔加河。"

保卢斯气急败坏，没想到自己的将军里竟还有这样的懦弱者，但又不好发作，只好说："你这个建议和最高统帅部的命令格格不入，我警告你，一旦这个观点被传开，将会使军心受到严重影响。"

维特斯海姆坚持己见："我的意见是对的，我说的是实话。"

维特斯海姆离开后，保卢斯闷闷不乐。他认为，一位对德军胜利抱怀疑态度的将军，不宜在错综复杂的形势下担任战场指挥官。他立即向陆军总部建议，免除维特斯海姆的职务。陆军总部采纳了他的意见。

德军突破了顿河防御，成功地把守军分割为两部分。城南德军攻占了阿勃加涅罗沃、攻占了京古塔车站、占领了通杜托沃镇；城北德军步步紧逼，已前进至阿卡托夫卡至雷诺克一线的伏尔加河边。德军主力渡过顿河，正向市区推进。

在敌军逼迫下，苏军从斯大林格勒外围撤了下来，守在一条狭长的地带。

8月24日，斯大林格勒方面军军事委员会发布命令，宣布斯大林格勒进入戒严状态。命令要求：维持市内的正常秩序和纪律；对趁机掠夺居民者和抢劫犯可不经侦察审讯就地枪决；对其他严重危害城市公共秩序和社会治安的分子，上交军事法庭审判。

8月26日，斯大林格勒城防委员会发出告人民书：

> 亲爱的同志们，亲爱的斯大林格勒公民们：
>
> 狂暴的敌人已经逼近我们亲爱的城市。24年前遭受的苦难今天又将重演了。
>
> 嗜血成性的德国鬼子要闯进充满阳光的斯大林格勒，要玷辱我们伟大的俄罗斯河——伏尔加河。
>
> 红军战士们正在奋不顾身地保卫着斯大林格勒，阵地到处都布满了法西斯强盗的尸体。
>
> 大家都去构筑街垒吧！大家组织起来战斗吧！将手边的石头、木料、铁器、旧车厢都利用起来，构筑街垒工事。
>
> 为保卫城市，我们将竭尽全力支援你们，决不后退一步，狠狠打击敌人。德寇犯下了许多兽行，为了被毁掉的家园，为了孩子、母亲、妻子流的血和泪，向德寇报仇雪恨。

所有能拿起武器的人，都要走上街垒，保卫城市家园。

斯大林格勒人动员起来了。他们走上街头，冒着敌人的炮火和枪弹，加入到抗击德寇的行列中。

法西斯德军陷入了人民战争的汪洋之中。他们每前进一步，都遇到更加顽强的抵抗。

但是，德军猛烈的突击，火炮和飞机的狂轰滥炸，使斯大林格勒军民付出了更加巨大的代价。

部队面临越来越大的困难，常常出现这样的情况，印有“急件”字样的命令送到部队时，命令中要求守住的地区已经失守，有时甚至被指定执行命令的部队已名存实亡。

斯大林格勒军民顽强的抵抗虽然暂时阻止了德军的突击，但德军的突破能力依然很强，德军依然掌握着战役的主动权。

8 月 27 日，苏军西方面军司令员朱可夫将军接到斯大林的电令，命令他于当日必须赶到莫斯科。

深夜，朱可夫来到克里姆林宫，走进斯大林的办公室。

斯大林脸色忧郁，对匆匆赶来的朱可夫说：“情况很不好，德寇可能占领斯大林格勒，高加索的战局也不妙。国防委员会已决定任命你为最高副统帅，并派你前往斯大林格勒地域。”

朱可夫虽然在此前已知道斯大林格勒的战况不好，但没想到问题会这么严重。

斯大林郑重其事地告诉朱可夫，他已经被授予全权，可以调动城内 2 个方面军、空军及其他部队，还有机动集结兵力的大权。斯大林还向朱可夫介绍了斯大林格勒前线的具体情况以及他准备采取的措施。斯大林还对他说：“你要想尽办法对突至伏尔加河的敌军集团实施反突击，否则我们就会丢掉斯大林格勒。”

最后，斯大林果断地说：“斯大林格勒绝不能丢掉。对于这一点，我们一定十分清楚。守卫住斯大林格勒，具有重要的军事和政治意义。如果斯大林格勒陷落，德军统帅部就有可能以伏尔加河为掩护向北发展突击，进入苏联的大后方。此外，苏联还会失去由高加索运送大量物资的伏尔加河这条最重要的水路交通命脉。同时，对苏联人抗击德国法西斯心理上的影响也是极其重大的。”

朱可夫毫不犹豫地说：“是，我们不能丢掉这座城市。”

斯大林问道：“你什么时候可以启程？”

朱可夫想了想，回答说：“我需要用一昼夜的时间研究情况，到29日才能飞往斯大林格勒。”

“那好吧。”

二、朱可夫来了

德军仍在猛烈地进攻，斯大林格勒人在顽强地抵抗。

德军前进的步伐没有停止，但是，它每前进一步，都要付出重大代价。

■ 救火将军朱可夫（左一）

8 月 29 日，一架飞机从莫斯科中央机场起飞。飞机在湛蓝的空中飞行，坐在飞机上的朱可夫透过舷窗，望着天空中不断变化着的云团，思绪万千。

大战爆发后，斯大林几次把他召到莫斯科，把他派到战局最危急的地方。先是到列宁格勒接替伏罗希洛夫元帅，后又到处于危难之中的莫斯科组织防御，现在斯大林格勒岌岌可危，斯大林又一次将重担压在了他的肩上，而且大本营和总参谋部的人也都认为只有他能够胜任此重担。

对此，朱可夫感到莫大的荣耀，但也感到了巨大的压力。战争时期，一个驾驭千军万马的将军，他的荣辱与他在战场上的胜败休戚相关，而难以预料的战局又使胜与败往往只有一纸之隔。有时，一刹那的思维失误，就可能导致整个战局的崩溃。如果不能扭转斯大林格勒局势，那么……后果他不敢想。

很快，他就从疑虑与不安中解脱出来，他对自己的能力坚信不移。他早年就矢志报效祖国，先在沙皇军队里当士官，后来在红军中当排长、连长、团长、师长……他热爱自己的祖国，热爱自己的职业，努力钻研军事理论。在长期的军事生涯中，他的军事才干飞速增长。他具有胆大心细、沉着镇定的品格，具有驾驭复杂战场局面的超凡能力。正是这种优良的素质，使他能够在作战指挥中一次又一次地化险为夷。

几个小时后，飞机降落在斯大林格勒。朱可夫乘坐越野车，很快来到方面军指挥部。

大本营代表、总参谋长华西列夫斯基迎了上来，第一句话劈头就问："什么时候开始进攻？"

"听谁说的？"朱可夫不解地问。

华西列夫斯基笑着回答："前线流传一句话：朱可夫大将一到，进攻就要开始了。"

朱可夫大笑着，向挂在墙壁上的作战地图走去。

了解一些情况后，他与华西列夫斯基来到近卫第 1 集团军指挥所，与等候在那里的戈尔多夫中将、近卫第 1 集团军司令员莫斯卡连科少将一起讨论战场形势。

情况十分严重，必须尽快对突入到伏尔加河地区的德军实施反突击。按照大本营的规定，近卫第1集团军应当在9月2日从北面向包围斯大林格勒的德军发起攻击，但由于该集团军的部队缺乏燃料、弹药，9月2日反突击的计划不能按时执行。

朱可夫将这一情况向斯大林报告，并提出在9月3日5时转入进攻。

9月3日晨，近卫第1集团军在经过炮火准备后转入进攻，但在斯大林格勒方向总共只前进了2~4公里，给德军造成的损失不大。由于遭到德军航空兵的轰炸和坦克与步兵的反冲击，进攻受阻。

当日日终，朱可夫接到斯大林发来的一封急电：

“斯大林格勒的形势恶化了。敌人距斯大林格勒3俄里（1俄里等于1.06公里）。如果北部集团部队不立即援助，斯大林格勒就有可能在今天或明天被攻占。应要求位于斯大林格勒以北和西北的各部队司令员立即突击敌人和援助斯大林格勒的军民，不得有任何迟延，现在迟延就等于犯罪。应将全部飞机都用于援助斯大林格勒。斯大林格勒剩下的飞机很少了。”

看了这封电报后，朱可夫立即打电话向斯大林报告说：

“我可以下令在明天一早就发起进攻，但是3个集团军的部队将不得不在几乎没有弹药的情况下开始战斗，因为最早要到9月4日黄昏才能把弹药送到炮兵阵地上。此外，在9月4日黄昏以前，我们不可能组织好各部队与炮兵、坦克兵和航空兵的协同作战，而没有协同作战是什么也搞不成的。”

“你是不是以为敌人会等你慢慢腾腾地弄好了以后再干？”电话那边传来斯大林严厉的声音，“叶廖缅科断定，如果你们不立即由北面实施突击，敌人只要用一次猛攻就可以拿下斯大林格勒。”

“我不同意这个观点，”朱可夫回答说，“我请求准予按原定的9月5日发起进攻。至于航空兵，我现在就下令全力轰炸敌人。”

“那好吧。”斯大林说，“如果9月5日前敌人对市区发起总攻，你应不等部队作好准备就迅速向敌人冲击。”

幸好，德军没有在9月5日前发起总攻。

9月5日，苏军第24集团军、近卫第1集团军和第66集团军的防御阵地上，一门门火炮对准了德军阵地。按照反攻计划，他们将在斯大林格勒北面，向包围斯大林格勒的德军侧翼实施攻击。

拂晓，所有的火炮一齐向德军阵地发射，苏军航空兵也开始向德军阵地实施火力突击。随后，3个集团军同时发起了冲击。但是，由于火力准备的强度不够，没能给德军以必要的杀伤，因此冲击受到了德军的强力阻挡。

发起进攻后大约两小时，朱可夫从各部队司令员的报告中得知，在很多地段敌人以火力阻止了苏军的前进，并以步兵和坦克实施反冲击。德军的航空兵也开始向冲击的部队实施火力突击。

激战一直持续到晚上。当夜幕降临之后，战场又几乎沉寂了。

斯大林时刻惦念着前线的反击情况。夜晚，他给朱可夫打来了电话。朱可夫报告说：

“一整天进行了艰苦的交战，但效果不太明显。我军前进了总共只有2~4公里，特别是第24集团军，几乎仍在原来的阵地上。”

“这就很不错。”斯大林满意地回答，“这是对斯大林格勒的很大帮助。”随后，斯大林又问：

“进攻受阻的主要原因是什么?”

朱可夫回答：

“由于时间不够，部队没有来得及作好进攻准备，没有很好地进行炮兵侦察和查明敌人的火力配置，自然就不能将其压制住。当我军转入进攻时，敌人就以其火力和反冲击阻止我军进攻。此外，敌人航空兵整天都掌握着制空权，并对我军进行轰炸。”

“继续冲击!”斯大林毫不犹豫地说，“你们的主要任务是把尽可能多的敌人调开斯大林格勒。”

第二天，3个集团军继续进攻，战斗更加激烈。但由于德军调来了新的预备队，在许多制高点上设置了强击火炮，并组成了新的防御支撑点，部队难以向前推进。

“进攻是最好的防御”，这是一条重要的作战规律。但是，战争的一切是以时间、地点、气候、部队及战场态势为转移的，如果各种综合因素对实施进攻不利，那么，进攻的作用就会大打折扣了。

从9月6日到9月9日的几天里，双方基本上处于一种对峙状态，谁都没能将自己的阵地向前移动。

9月10日，朱可夫巡视了各集团军和一些兵团的阵地，并与各部队指挥员交换了看法。回到指挥部后，他将自己形成的基本看法向斯大林作了报告。报告的主要内容是：

以斯大林格勒方面军现有的兵力，不能够突破“走廊”，并与东南方面军的部队在市区会师。由于德军新调来了大量部队，以现有的部队和部署继续冲击是没有用的，而且部队必然要遭受重大的损失。我们需要补充部队和有调整部署的时间，以实施较为集中的方面军规模的突击。仅仅以集团军规模的突击是不能打败敌人的。

朱可夫的这个判断，是完全符合斯大林格勒战场实际的。

斯大林格勒的危机，短期内还难以解除。

三、崔可夫中将临危受命

苏军9月5日的猛烈反击，使保卢斯大吃一惊。

他属于智慧型的军人，贬低他的人总认为他是参谋军官出身，言外之意像斯大林格勒这类攻坚作战于他并不合适。这一说法有些依据，因为直到8个月前他才出任第6集团军司令官。起初，第6集团军内部对这位新任司令员有些瞧不起，但不久他们就心悦诚服了。先是在夏季作战中，面对铁木辛哥元帅的猛烈进攻，保卢斯采用以攻对攻，以精锐部队突击苏军防线，尔后分割围歼的招术。接着在伏尔加河，保卢斯又娴熟地运用了经典战法，采用两路突击，穿插迂回战术，因为德军在飞机、坦克上占很大优势，这一战法屡获成功。

然而，同任何智慧型军人一样，他们的长处是以谋略见长，思虑周详，但有时又容易患得患失，缺少果断勇猛作风。保卢斯意志还不够坚强，尽管他喜欢思考的习性弥补了经验的不足，但他没有料到苏军的抵抗会越来越激烈，他的心情也时好时坏。

德军凭借优势兵力，好不容易在苏军阵地上站稳脚跟，将苏军赶到内廓（市区）一线。可没等保卢斯松一口气，苏军在北部又出人意料地发起反击，使保卢斯不得不减弱进攻节奏，把市区的部分兵力抽调到郊外应急。保卢斯觉得再这样下去，德军士气会受影响，一定要尽快拿下斯大林格勒。

正沉思着，参谋长施密特少将手拿电报兴冲冲地走了进来："好消息，前线传来捷报，苏军9月5日发起的进攻已被击退了。"

保卢斯如释重负，情绪又高涨起来。他一把抓住施密特："通知各部队指挥官马上开会，研究新一轮进攻计划。"

9月10日晨，保卢斯带着作战计划心情轻松地登上飞机，参加元首召开的大本营会议。临行前，他对送行的施密特说："苏军被打垮了，这一回我们不会让元首再次失望了。"

9月12日中午，希特勒在大本营召开军事会议。保卢斯报告了新一轮进攻计划。

该计划决定由第6集团军作为主力分两路突击，进攻斯大林格勒市中心。第一路由步兵第71、第94和第295三个师和坦克24师组成，从亚历山大罗夫卡向东突击。第二路由摩托步兵291师、坦克第141师、罗马尼亚步兵20师组成，从萨多瓦亚向东北突击。两路兵力应分割围歼苏防御正面第62集团军，迅速占领斯大林格勒市。城南和城西北作战的德军任务是钳制与其对峙的苏军。

保卢斯报告后大声说："看起来，占领斯大林格勒已成定局，只是时间问题了。"

希特勒对保卢斯的报告很满意，立即批准了他带去的作战计划。希特勒对形势的看法极为乐观。

"苏军兵力已经消耗殆尽，红军已被打垮，他们在伏尔加河地区只能进行零星的抵抗。"他又一次激动起来，"我要求将军们尽快夺取城市，在10天以内完全占领斯大林格勒。"

对于他的看法，不少将领不能认同。但是，刚愎自用的希特勒容不得任何不同意见。

会议结束时，希特勒下令要在最短时间内攻下斯大林格勒，不许再拖延了，“把他们统统赶入伏尔加河”。

一辆越野吉普车在斯大林格勒街道上急驰，它不时绕过一个个弹坑和一堆堆燃烧着的物体，为躲避空袭，有时突然急刹车。

崔可夫坐在车上，当车子上下颠簸时，他身子微微前倾，手扶车杆，如脚踩马蹬纵马飞奔。此刻他望着车外已成废墟的城市，脸色阴沉。斯大林格勒昔日的繁华已经在战火中消失，大街上死气沉沉。所有的树木皆毁于大火，已经没有半点枝叶。木质房屋都化为一片灰烬，只剩下孤零零的烟囱。许多砖石质楼房已被烧得污焦不堪，楼板倒坍，门窗也被烧得荡然无存。那些还能够勉强住人的房屋也在不断倒坍，住户人家从残垣断壁中狼狈逃出。

几个小时后，司令叶廖缅科上将和军事委员会委员赫鲁晓夫立即接见了他，并宣布，崔可夫被任命为第 62 集团军司令。

叶廖缅科上将向崔可夫中将交代了任务：德国人决定不惜一切代价夺取斯大林格勒。我军不能把斯大林格勒交给敌人，不能继续后退，也无处可退了。而第 62 集团军司令科尔帕克奇认为，他的集团军守不住城市。现在，他们把集团军交给崔可夫指挥，并要他和集团军一道，担负起直接保卫斯大林格勒的重任，不让敌人夺取市内一寸土地。

第 62 集团军和第 64 集团军将全力承受德军对斯大林格勒的主要突击，这项任务不但责任重大，而且也极其艰巨。

最后，叶廖缅科上将问道：“崔可夫同志，您怎样理解这项任务。”

一切都很明确，一切不言自明。崔可夫立即答道：“我们不能把城市交给敌人，斯大林格勒对我们苏联人民至关重要，这个城市的失守将挫伤人民的斗志。我将采取一切措施守住城市。现在我不提任何请求，但在研究城市形势之后，我将请求军事委员会给予援助。我发誓决不离开这座城市，我将采取一切方法坚守。我决心要么就守住城市，要么就战死在那里。”

“很好，你正确地理解了任务。”叶廖缅科和赫鲁晓夫异口同声地说。

崔可失中将离开方面军司令部，渡过伏尔加河来到右岸，向第

62集团军设在马马耶夫岗的指挥所赶去。一路上，炮弹的轰鸣震不断他那连绵的思绪，他沉重地感受到肩膀上的压力。

斯大林格勒已经到了生死存亡的关头。德军已三面包围城市，战线移到了距城10公里的地方，城北的德军已经抵近了伏尔加河。斯大林格勒每天遭受到狂轰滥炸，弹痕累累，一片火海。就是在这片已成废墟的土地上，最后的决战就要展开了。

德军继续加强斯大林格勒方向上的兵力，到9月13日前，与斯大林格勒方面军和东南方面军对峙的德第6集团军、第4装甲集团军和意大利第8集团军（计有47个师——36个步兵师、5个坦克师、4个摩托化步兵师、2个骑兵师，3个旅），总兵力达59万人，大炮和迫击炮1万门，坦克1000辆，飞机1000多架。而苏军两个方面军数量倒不少，但多数师编制不全，总兵力计为59万人，和德军大体相当，大炮和迫击炮有7000门，坦克600辆，飞机389架。兵力优势仍然在德军一方。

德军在自己的主攻方向上，即斯大林格勒的西和西南方向上，在坦克和飞机上拥有极大优势，在这里直接准备攻城的德军达13个师，其中有3个坦克师和1个摩托化步兵师，计有兵力17万人，而直接面对苏第62集团军的兵力就有10万人。第62集团军总兵力只有5.4万人左右，很多师的兵力跟一个满员营差不多。有一个坦克旅只有一辆坦克，有两个坦克旅根本没有坦克。

斯大林格勒面临着一攻即破的危险。

就是在这紧要关头，崔可夫中将临危受命，挑起了指挥第62集团军守卫城市的重担。

崔可夫，1900年2月12日出身在图拉省一个农民家庭。他自愿参加红军，在国内战争时期得到了很好的锻炼。在与高尔察克匪帮战斗的日子里，他担任团长，率领部队左冲右突，打了很多胜仗。他1919年入党，1925年毕业于伏龙芝军事学院。在以后的几年里，他承担了授予他的各种重任。1939年至1940年苏芬战争期间，他曾指挥过一个集团军，并被授予中将军衔。

卫国战争开始时，崔可夫正在中国当苏联军事顾问，1942年3月，他回到莫斯科，坚决要求上前线，不久就被任命为预备队集团军（即后来的第 64 集团军）副司令员。

■ 崔可夫中将（中间拿棍者）巡城检查

崔可夫中将来到了他的新岗位，马马耶夫岗脚下第 62 集团军指挥所。德军离这里只有 3 公里远，炮弹、炸弹不住地在周围爆炸。指挥所只是一个较宽的避弹壕，顶上铺着树枝和麦秸，再盖上厚厚的一层土。随着炸弹的爆响，顶盖不停地颤动。

指挥所里，集团军参谋长克雷洛夫少将正口气严厉地与什么人谈话，态度很强硬。他一边用眼睛浏览崔可夫递过去的证明信，一边继续训斥着。打完电话后，他站起来和崔可夫握手问好。

克雷洛夫，1903 年 4 月 29 日出生在平扎省。15 岁时自愿参加红军，参加过国内战争，到过南方战线和外高加索及远东。1928 年入党。卫国战争爆发后，他被调往敖德萨担任滨海集团军司令部作战处处长，随后又担任了这个著名的集团军的参谋长。

“您看，司令员同志”，克雷洛夫说，“坦克军军长未经我允许，就把指挥所从 107.5 高地迁到了伏尔加河岸边，换句话说，下属部队的指挥所现在在我的后面……”

电话铃声又响了起来，克雷洛夫拿起电话，开始就明天的任务下达命令。他一边打电话，一边用铅笔在地图上指着有关的地段，并向指挥员们十分详细地说明任务。克雷洛夫的所作所为，使崔可夫感到，他和参谋长之间将会找到共同语言。

崔可夫首先接通那个坦克军军长的电话，问他为什么不顾“不准后退一步”的命令，擅自转移指挥所。这位新上任的司令严厉警告说：“在 9 月 13 日 4 时之前把指挥所迁回原来的 107.5 高地。今后，谁再发布像您这样的命令，一律以临阵脱逃论处。”

这时，集团军军事委员会委员，师级政委 K. A. 古罗夫也来到掩蔽所，他说了声“对”，表示赞同崔可夫的决定。

领导第 62 集团军的军事指挥员和政治工作人员立即团结起来，担起了保卫斯大林格勒的重任。9 月 12 日，集团军着手改编部队，把分散的部队组建成新的兵团，并以集团军军事委员会的名义做出了如下决定：

1. 首先要使全体人员明确，不能继续后退，也无处可退，必须粉碎敌人的进攻。斯大林格勒是我们最后的战场，为了保卫这座城市，我们要与敌人背水一战。要么守住城市，要么战死沙场，我们没有第三条路可走。

2. 在市内各大企业里，建立由工人和职员组成的武装队伍，他们应当配合集团军部队或者靠自己的力量来保卫工厂。要按军队的标准发给他们武器和其他装备。

3. 未经集团军司令或参谋长同意，严禁擅自撤离现有阵地。

4. 集团军司令部留在右岸斯大林格勒城内，在任何情况下，都不得向左岸或岛上撤退。

9 月 13 日凌晨，在航空兵和火炮火力准备之后，德军开始了攻城。由德步兵第 295、71、94 和坦克第 24 师组成的突击集团在近 100 辆坦克的支援下，向着中央车站和马马耶夫岗方向推进。

战斗激烈异常，炮火烧红了天空，双方的飞机冒着火陷栽到地上。虽然苏军地面部队和空军进行了顽强抵抗，德军仍然占了上风。天黑时，第 62 集团军中央防线被突破，红军遭受了巨大损失，被迫向后撤到“街垒”新村和“红十月”村以西的树林边。德军占领了126.3高地、阿维阿戈罗多克和一座医院。在左翼，苏军混成团被迫放弃了萨多瓦亚车站。

在马马耶夫岗的第62集团军指挥所，9月13日整天都处在德军的猛烈炮击之中。有几处掩蔽部被炸坏，集团军司令部的人员也出现伤亡。通信联络频频中断，无法保证对部队的指挥。崔可夫中将决定：转移指挥所，集团军的观察所仍留在这里。当夜，集团军指挥所转移到察里察河谷，这里不久前还是两个方面军的指挥所。新的指挥所仍处在德军强大的火力杀伤距离之内，但比原来的指挥所要好些。

在敌人连续不断进行攻击的情况下，东南方面军司令给第62和64集团军下达了把敌人从楔入的地段赶出去的命令。崔可夫22时30分下达命令，要求第62集团军各部队于9月11日凌晨转入反攻，恢复原来的态势。

9月14日3时30分，在炮火准备后，第62集团军转入了反冲击。但因为兵力单薄，对局面没有带来变化。德军又投入大量的兵力，迫使反冲击的苏军部队退却。到中午12时，德军又开始了进攻，法西斯匪徒出动大量坦克和步兵对第62集团军的战斗队形实施冲击，一场恶战又开始了。

9月14日，作为保卫战中最关键的日子之一，载入了斯大林格勒大会战的英雄史册。

德军向城市投入了好几个师、数百辆坦克和数百架飞机，集中了1000多门大炮的火力。法西斯匪徒不顾损失，疯狂地往前闯。乘着汽车和坦克的步兵纵队潮水般地涌进了斯大林格勒的大街小巷。马马耶夫岗、察里察河岸、大型粮仓地区、斯大林格勒2号车站和专家楼一带，到处都是激烈的战斗。德军下了很大的赌注，要在整个进攻正面向伏尔加河推进，并把守城苏军赶下河去。

通过激烈的战斗，德军付出了巨大代价，占领了斯大林格勒的制高点102.0高地——马马耶夫岗，占领了斯大林格勒1号车站和专家大楼。战斗已经在距集团军指挥所800米的地方进行着。危险出现了，德军已冲向中央渡口，这样将完全切断第62集团军与外面部队的联系，第62集团军将会丧失弹药保障和援军的支持。

为保住渡口，崔可夫命令从集团军仅有的预备队中，一个有19辆坦克的重型坦克旅里抽出一个营加强渡口的防御力量，这个营共有9辆坦克。集团军参谋长克雷洛夫从司令部的人员和警戒连里抽调人员编成两个组，第一组由作战处长扎利久克上校指挥，配以6辆坦克，去封锁从车站到码头的所有街道。第二组由魏因鲁布中校指挥，随另外3辆坦克一起，前往专家楼，消灭用机枪扫射伏尔加河和码头的敌人。两个组立即出发，经过顽强奋战，击退了冲向中央渡口的敌人。

这时，方面军派来的增援部队，荣获列宁勋章的近卫步兵第13师从卡梅申地区急行军赶来，正在伏尔加河渡口左岸克拉斯诺斯洛博达地区集结。该师被编入第62集团军。

在敌人用机枪和火炮控制着伏尔加河的渡口时，军队携带技术装备白天过河是非常冒险的。因此，崔可夫命令近卫步兵第13师在9月14日夜间渡河，务必于15日3时前进入斯大林格勒城。而该师师长及参谋人员，必须在14日14时前到集团军司令部受领战斗任务。

近卫步兵第13师师长罗季姆采夫少将忠实地执行了命令。当天下午2点，苏联英雄罗季姆采夫少将浑身泥土，出现在崔可夫面前。从伏尔加河到察里察河谷的这段路上，他为了躲避敌机轰炸，不得不多次跳进弹坑，躲藏在瓦砾场里。

罗季姆采夫少将报告说，他的师人员配备齐全，约有1万人。但武器、弹药配备较差，有1000多人没有步枪。方面军副司令戈利科夫中将已经受命不迟于9月14日晚把近卫师缺额的武器弄好，但能否准时运到仍不能保证。崔可夫立即命令在伏尔加河左岸的集团军后勤副司令洛博夫将军，动员所有人员，搜集各后勤部队的武器，送交近卫师战士们使用。

克雷洛夫立即向罗季姆采夫少将介绍了集团军前线的形势。接着，崔可夫向他下达了战斗任务：

1. 9月14日夜，务必将近卫步兵第13师送到伏尔加河右岸。

2. 除反坦克炮外，师属炮兵全部占领伏尔加河左岸的发射阵地，掩护步兵行动。反坦克炮、迫击炮随步兵部队运进城里。

3. 全师马上投入战斗，其中两个步兵团肃清市中心、专家大楼和车站一带的法西斯匪徒，一个团攻占并守住马马耶夫岗。拿出一个步兵营留在集团军指挥所作为预备队。

4. 师防御地段的分界线是：右侧是马马耶夫岗，左侧是察里察河。

崔可夫建议罗季姆采夫把指挥所设在伏尔加岸边，靠近码头的地方，因为那里有掩蔽所和现成的通信联络系统。

谈话结束时，崔可夫问罗季姆采夫少将有什么想法？这位少将回答说："我是共产党员，我不准备离开这里，也决不离开这个地方。"

9 月 14 日就要过去了，但剩下的几个小时里，一直充满着激烈战斗，德军在第 62 和第 64 集团军的接合部突破了防御，占领了库波罗斯诺耶和修理厂。战斗已在市区的大街上和广场展开。在早晨执行反冲击任务的混编团的许多指挥员都牺牲了，部队已经处于无人指挥状态。集团军最后的一支预备队也已经投入了战斗，形势每小时都在恶化。

黄昏时分，坦克旅旅长向崔可夫报告，他唯一的一辆坦克已被打坏了，现停在车站附近的铁路道口上。

坦克虽然被打坏，但是还可以用来射击。此外，坦克旅还有近百名坦克手，他们都有冲锋枪和手枪。崔可夫下令说："到坦克那里去，集合所有兵力，守着道口。直到近卫第 13 师的部队通过为止。"

旅长转身跑去执行命令，他光荣地完成了这个任务。

黄昏降临，战斗渐渐平息下来，近卫第 13 师就要开始渡河了。而德军已在密集地涌向马马耶夫岗，逼近横贯城市通往中央车站的铁路线。

夜间，近卫步兵第 13 师开始渡河，集团军司令部的参谋人员在中心码头附近迎接部队，并立即带领他们通过被摧毁的街道，奔向战斗岗位。

9 月 15 日凌晨，德军又发起了猛烈进攻。飞机在城市里猛轰滥炸，然后又在苏军战斗队形上空盘旋、俯冲。战斗一开始就显得十分艰苦，刚在夜间渡过河的罗季姆采夫的生力军，还没有来得及认清形势和站稳脚跟，就遭到德军优势兵力的攻击。

车站附近和米宁郊区的战斗异常激烈，一天之内，车站 4 次易手，深夜，又被苏军夺回手中。罗季姆采夫师第 34 团，在重型坦克掩护下，进攻专家楼，但未奏效。其他几个分队遭受严重损失，被迫退却。

9 月 15 日傍晚，很难说马马耶夫岗在谁手里。但是，占领这个高地有着非常重要的意义。在马马耶夫岗高地上，可以俯视整个斯大林格勒全市和伏尔加河，控制住这里就能控制住整个城市和伏尔加河，因此，崔可夫坚决命令近卫步兵第 13 师第 39 团在夜里必须渡过河，并向马马耶夫岗推进，争取在拂晓前占领那里的防线，并不惜任何代价守住山冈上的制高点。

9 月 16 日拂晓，渡过河的近卫步兵第 39 团在叶林上校的指挥下和第 112 师 416 混成步兵团一起，向马马耶夫岗发起猛烈攻击。一次次冲锋都被打退下来，红军战士不怕牺牲，勇敢地继续冲锋，终于冲进堑壕，全歼了防御的法西斯匪徒，占领了马马耶夫岗。但是，没等战士们把火器拖上来，空中就出现了敌机，炸弹似乎要把一切有生命的东西统统送进地狱。幸运的是，德军飞机怕炸着自己人，炸弹都投到了旁边。飞机轰炸过后，德军坦克和步兵开始向高地发起反击，红军战士英勇地进行防御，整整打了一天，到 16 日傍晚，苏军终于打退了敌人的多次反攻，接着着手设防固守。

德军也很清楚马马耶夫岗的重要地位，因此，双方在此进行了殊死的战斗。一方被击溃，立即组织兵力去攻击占领，占领之后，就开始顽强防守。成吨重的炸弹，整天不停地落在这个高地上，把整个地面都炸翻了过来。同时，白刃战也无时不在这里进行。这场争夺战一直持续到 1943 年 1 月，双方不止一个师在这里经受了以残酷和顽强程度来说都是历史上绝无仅有的恶战。

其他地方的战斗也同样激烈，争夺专家楼的战斗一直打个不停。车站地区的战局更是变幻莫测，车站及其附近的建筑物，一天之内就多次易手。每一次强攻双方都要以几十人甚至上百人的死亡为代价。

苏军在市中心的顽强抵抗，特别是近卫步兵第13师的抵抗，狠狠地打击了敌人，迫使保卢斯不得不把第二突击群的全部兵力投入战斗。同样，苏军部队和技术装备也遭到巨大损失，在优势敌军面前，不得不一步步地向后退却。尽管有时只是100～200米，但退却更激起顽强的抵抗。德军每前进一步，都要付出极大的代价。

9月16日上午，崔可夫中将向方面军军事委员会报告，第62集团军已经没有了预备队，而敌人却不断地把生力军投入战斗，这样的浴血奋战还将持续下去，集团军的战斗力将进一步被削弱，他请求再给加强2～3个新锐师。

显然，方面军首长很了解城里的情况，也清楚城市作战的意义。很快，步兵第92旅和坦克第137旅被派到城里，配属给第62集团军。

9月17日，斯大林格勒方面军决定进行反突击：在阿卡托夫卡和库兹米奇地段向南转入进攻，与保卫斯大林格勒的部队，即在城市西南方向的第62和第64集团军会师。

叶廖缅科上将在当天晚上通知崔可夫，进攻即将开始，要求第62集团军用右翼部队对敌实施正面反突击，同时从“红十月”村、从马马耶夫岗地域向西南实施突击，分割并消灭城市西部的敌人。在消灭冲入伏尔加河的德军中如取得胜利，第62集团军应向方面军靠拢。为了加强集团军右翼，特增派由B. A. 戈里什内上校率领的步兵第95师给第62集团军使用。

对于被敌人逼到伏尔加河岸边的第62集团军来说，迫切需要与侧翼的友邻部队会合。因此，尽管困难重重，崔可夫仍然决定，在右翼用两个步兵旅和一个团的兵力，向敌人实施突击，加快与在城北作战的部队会合。

由于察里察河谷的指挥所不断遭受炮击，9月17日晚，指挥所转移到“红十月”码头以北的伏尔加河岸边，一个储油槽的下边。

9月18日，太阳刚一露头，德军飞机就出现了，在车站和马马耶夫岗一带轰炸并冲击第62集团军的战斗队形。空袭之后，大炮、迫击炮紧接着开火，德军继续发起猛攻。这时，斯大林格勒方面军的左翼，由近卫第1集团军、第24和66集团军开始向古姆拉克、戈罗季谢方向上的敌人进行反突击。残酷的战斗进行了两天，德军被迫从攻城部队中抽出大批部队和兵团阻击苏军北方集群的进攻。但是，市中心的战斗仍然在激烈进行，德军凭借优势兵力，仍然继续向前猛冲。第62集团军的防御更加艰苦，虽然他们坚守着主要阵地，但力量却被德军钳制在市中心，车站也被德军占领。

9月18日夜间，戈里什内师渡过伏尔加河，他们来不及熟悉情况和作好准备，就迅速投入战斗，攻占并坚守着马马耶夫岗。

9月19日，在战斗中受到极大削弱的罗季姆采夫少将的近卫第13师，坚持在市中心进行巷战。德军不惜任何代价，决心击溃这个师，向伏尔加河的中心码头逼近，从而把第62集团军截成两段。近卫第13师的处境严重恶化，而集团军司令部抽不出哪怕是一个营的兵力去帮助他。近卫战士们只好硬挺着，顽强抵抗。

在戈里什内的步兵第95师和叶尔莫尔金上校的步兵第112师战斗着的马马耶夫岗地区，形势也相当危急，德军决心要控制这个高地，于是组织起轮番进攻。

杜比扬斯基上校的近卫第35师的部队严重减员，已无力进行任何有组织的战斗。因此，崔可夫决定把剩余人员和武器装备，交给步兵第42、第92旅，而把师指挥机关撤往伏尔加河左岸重新整编。

战斗仍在激烈地进行。9月20日，德军对伏尔加河各渡口进行了猛烈的炮击，并集结新锐力量，向位于苏军防御中心的察里察河左岸和伏尔加河渡口推进。由巴特拉科夫上校指挥的步兵第42旅展开顽强防御，一次次打退了敌人的冲击。

罗季姆采夫的近卫步兵第13师防御地段，情况也十分严重。中午，德军冲入中心渡口地区，师指挥所已开始用冲锋枪与敌对射。该师的近卫第42团的部分部队已处于半包围状态。派去增援的原该师39团因为遭到敌机连续的轰炸，迟迟不能到达中心码头，集团军只能用伏尔加河左岸的炮兵火力援助这个师，然而，这只是杯水车薪。

当天，斯大林格勒方面军和东南方面军军事委员会发布命令指出，过去的两个月，斯大林格勒的保卫者们打退了敌人100多次的冲击，在斗争中表现出异常英勇和顽强的精神。军事委员会命令各部队要坚决、大胆、果断、迅速、勇敢地战斗。

9月21日晨，德军击退了第62集团军和第64集团军的反攻击。同时，大量步兵在100辆坦克和飞机密集轰炸的支援下，开始向近卫步兵第13师，步兵第42和92旅发起进攻，并在斯大林格勒市中心逼近伏尔加河。傍晚，德军的先遣支队沿莫斯科大街冲向伏尔加河的中心码头。

夜里两点，崔可夫中将接到方面军司令叶廖缅科上将打来的电话，说斯大林格勒方面军的一个坦克旅已从北面冲过敌军阵地，将在奥尔洛夫卡地区与第62集团军会合。整整一夜，崔可夫都在指示寻找这个坦克旅，焦急地等待着会师的好消息。然而，一直没有得到报告，几天后才得知，坦克第67旅未能到达目的地，全旅包括旅长希德贾耶夫上校，在敌人战斗队形的深处全部阵亡。

9月22日，德军继续向近卫步兵第13师的阵地发起连续不断的冲击，近卫军战士们进行了艰苦、顽强的抵抗。上午，他们击退了敌人12次进攻。下午，守卫多尔吉峡谷的勇士们全部阵亡，一群德寇和15辆坦克突破进来，并前进到近卫步兵第34团的右翼。同时，另一群德寇突破克鲁多伊峡谷，占领了中心广场，直接威胁该团的左翼。第34团指挥所被包围了，希特勒匪徒向指挥所扔手榴弹。罗季姆采夫少将得知消息，立刻派预备队前去救援，冲进多尔吉峡谷和中心广场的德寇被苏军的反突击打退。

在其他地段战斗也非常紧张，沿基辅大街和库尔斯克大街进攻的德军攻到了专家楼一带。近一个团的敌步兵兵力冲过察里察河谷直奔伏尔加河。第62集团军的部队处于紧急关头。德军以巨大损失为代价，把集团军切成了两段，步兵第92和42旅同近卫步兵第13师各部队失去了联系。

同一天，在近卫步兵第13师第42团1营和2营防守的斯大林格勒车站地区，局势也特别严重。德军包围并切断了该团1营、2营和5连同师其他部队的联系。近卫军战士身陷包围圈，仍在顽强地坚守阵地。傍晚，第5连冲出了包围向师属其他部队靠近，费多谢耶夫上尉指挥的第1营继续同敌优势兵力进行战斗。红军战士们一个接一个地倒下去，但其他勇士仍然顽强地坚持着。最后，营长牺牲了，1营1连连长德拉甘上尉担起了指挥重担，全营仅剩下19人和几公斤烧焦的干粮。德军停止了进攻，决定困死他们。

19个勇士决心把敌人吸引过来，帮助城市的其他保护者减轻哪怕一点负担也好呀，他们决定在房顶上悬挂起红旗，让法西斯分子知道，他们没有停止战斗！可是没有红旗。一位重伤员脱下血迹斑斑的白衬衣，用它擦干正在流血的伤口，血染的红旗飘扬了起来。

德军开来坦克，准备突破墙壁消灭他们。反坦克手别尔德舍夫抓起仅有的一枚带3颗子弹的反坦克枪，通过暗道躲到拐角处，准备从正面射击敌人坦克。不幸的是他还没来得及占领阵地，就被法西斯的士兵抓住了。别尔德舍夫开始向德国鬼子述说什么，德国鬼子们听了他的话后，又重新发动了进攻。而进攻地段正好在勇士们唯一的一辆重机枪的射界内，很明显，别尔德舍夫蒙骗了敌人。

法西斯分子以为他们没有子弹了，变得猖狂起来，他们大声喧闹着，挺直身子从掩体里走了出来。这时，重机枪响起来，最后一条弹链的250发子弹一股脑射向法西斯匪徒。德国鬼子倒下了一大片，活着的又惊慌失措地逃回掩蔽所。过了不久，勇士们看见敌人把别尔德舍夫推到瓦砾堆上，把他杀害了。

法西斯分子暴怒了，他们拖来大炮，把房子轰塌了，勇士们全部被埋在下面，最后只有6个战士挖开废墟，躲过敌人的巡逻，趁着夜幕溜了回来。

斯大林格勒保卫者们的处境越来越困难。第62集团军失去了同方面军其他部队的联系，处于敌人三面包围之中，并被迫退到伏尔加河岸边。但是，战士们以大无畏的勇敢牺牲精神，坚决地抗击着敌人，打退了德军一次又一次的进攻。每一座房屋、车间、水塔、铁路路基，甚至为争夺一堵墙、一个地下室和每一堆瓦砾都展开了激战。阵地上，大街上，到处是燃烧的坦克和双方死亡士兵的尸体。伏尔加河岸变成了一座屠宰场。

希特勒曾对第6集团军司令保卢斯说：“你带领你的集团军，

你将所向无敌。”

然而，在斯大林格勒城，这个集团军碰得头破血流，他们总是看着胜利的光晕在闪动，却总是显得那么渺茫。

尽管德军最高统帅部下达了无比坚决的命令，但是，进攻斯大林格勒的德军仍然无力冲破苏军各兵团和部队的防御。到9月26日日终前，德军能够达到的目的只是迫使第62集团军逐步后退，进入市中心。虽然德军占领了市中心并在城南展开战斗，但是，他们并没有完成占领并控制斯大林格勒地区的整个伏尔加河岸的主要任务。希特勒原拟在9月15日以前占领斯大林格勒的计划又一次破产了。

四、敌人进城了

清晨，德军的炮击和飞机的轰炸声响彻云霄。

6时30分，德军以一个步兵师的兵力在40～50辆坦克的支援下，从拉兹古利亚耶夫卡进攻。前进方向是，经由机场镇向中央车站和马马耶夫岗实施突击。

敌人的炮弹和炸弹如倾盆大雨似的落到马马耶夫岗顶部。崔可夫与克雷洛夫同在一个指挥所进行指挥，一直用望远镜观察着战场。附近有几个掩蔽部已经被敌人摧毁，集团军司令部里出现了伤亡。

电话线时常被切断，无线电枢纽也常常中断工作，有时很长时间不能恢复。为了修复通信设备，通信人员常常要全体出动。一整天，崔可夫与方面军司令员只通过一次话。崔可夫简短地向他汇报了情况，并请求在最近一两天内增援二三个新锐师。

尽管通信人员全力以赴，可是崔可夫与部队的通信联络几乎全部中断。此时指挥所外面的情况也很不妙。

从北面向奥尔洛夫卡实施进攻的德军一个营虽被步兵第115旅歼灭，但是在集团军中央的部队由于损失严重，被迫向东撤退，撤至巴里卡德镇和红十月镇以西，德军已占领126.7高地、机场镇和一座医院。

崔可夫决定实施反突击。为了先敌行动，他将反突击的时间定在次日凌晨。

拂晓，第62集团军指挥所转移到一个地窟内。这是一个大型的隧道式掩蔽部，里面有数十个房间，墙壁全由厚厚的木板镶嵌，8月份这里原是斯大林格勒——东南方面军的指挥所。顶部土层厚度约10米，成吨重的炸弹才能炸穿其薄弱部位。掩蔽部共有两个出口：下层出口直通察里津河口，上层出口可通普希金大街。

崔可夫与克雷洛夫于9月14日拂晓前从马马耶夫岗出发，不久他们就到达了目的地，顾不得休息，一到就亲自动手干起来，检查通信联络，检查部队进行反突击的准备。

凌晨3时，苏军开始炮火准备，3时30分开始进行反突击。崔可夫打电话给方面军司令员，向他报告反突击已经开始，并请求天亮之后派航空兵进行掩护。方面军司令员答应出动航空兵，并且告诉他一个好消息：大本营预备队准备把近卫步兵第13师配属给他们。

为了迎接近卫师的到达，崔可夫立即派工兵主任图皮切夫上校带领集团军司令部的一个参谋组前往红斯洛博达镇。

战斗开始时，第62集团军中央部队的反突击取得了一点战果，但至中午2时敌人接着投入了大批步兵和坦克，向苏军扑了过来，冲向中心车站，直逼马马耶夫岗。

敌人不顾一切伤亡，硬是杀开一条血路。他们搭乘汽车，搭载坦克，拉开纵队，径直冲向斯大林格勒城。

德军进到城来，乐得昏了头脑，个个都像醉汉似的从车上爬下来，狂呼怪叫，吹着口哨在人行道上蹦蹦跳跳。苏军狙击手、防坦克枪手、炮手则冷静沉着地隐蔽在房屋、地下室和木质发射点里以及房屋的拐角处严阵以待。

德军在大街上成千上万地被击毙，可是新的部队又源源不断地冲了上来。德军的冲锋枪手已经穿插到铁路线以东的城区、火车站以及专家大楼。战斗已经打到距离集团军指挥所不远的地方。

■ 苏联狙击手

形势十分危急，敌人很可能在近卫步兵第13师到达之前占领火车站，将集团军割裂为二，进而直插中心渡口。

在集团军左翼的米尼纳郊区，战斗也进行得十分激烈。敌人还在右翼不断地进行骚扰，形势不断恶化。

崔可夫手中的预备队这时已所剩无几，只有一个重型坦克旅，全旅总共有19辆坦克。当时该旅配置在集团军左翼之后，靠近南郊大型粮仓的地方。他立即命令该旅派出一个营（共10辆坦克）紧急赶到集团军指挥所。

该旅赶到后，参谋长克雷洛夫当即把司令部参谋人员和警卫连组织起来，编成两个战斗群，第一战斗群分配6辆坦克，任务是封锁住从火车站通往码头的各条大街。第二战斗群分配4辆坦克，任务是夺回专家大楼。因为德寇占据这里之后，不断动用大口径机枪射击伏尔加河河面以及河岸上的码头。

战斗群出动后果然阻止住了企图夺占中心码头的德军，成功地掩护了运载近卫军部队的第一批渡船。

五、四处设防的城市

16～17日两天，更加紧张的战斗在马马耶夫岗和斯大林格勒1号车站地区展开了。

德寇以2个坦克师、一个机械化师和1个步兵师的兵力向第62集团军左翼发起进攻。

17日，敌人冲破巴特拉科夫独立第42坦克旅的右翼并前进到他的后方。此时，该旅几乎完全处于被包围状态，同集团军各部队和司令部也失去了联系。经过很大周折，独立旅才向集团军司令部报告了当前情况并得到换防的许可。

晚上，该旅所属部队带着武器装备、伤员冲出包围圈，进入新的防区——动物园、察里察河北岸及其地区，在突围中，身受重伤的旅政委牺牲了。

这一天，该旅的许多战士也相继英勇献身。

9月17日晨，第62集团军司令员向方面军军事委员会报告说，没有预备队了，部队还在流血作战，然而，敌人不断把新的部队投入战斗。崔可夫请求方面军火速派整编师来加强集团军。

傍晚，从最高统帅部预备队调来了步兵第92旅和装备有轻型坦克、45毫米火炮的坦克第137旅，从而加强了集团军的力量。

坦克第137旅被派往近卫步兵第13师的右翼，而步兵第92旅则前往该师的左翼，任务是阻止敌人，沿察里察河扑向伏尔加河。

晚上，集团军指挥所由于接连不断遭到敌人的炮击，于是从掩蔽部转移到了“红十月”码头以北1公里察里察河附近的山沟里。

德军在付出重大的损失后，只占领了察里察河以北的一部分地区。

德军开始变换战术，他们以整营整团的兵力，在3～5辆坦克的支援下，在一些小地段上，在1～2个街区的范围内实施进攻。

与第62集团军共同防守在市区的第64集团军，一直在极力缓和右邻部队的困境。争夺斯大林格勒南部库波罗斯诺耶地区的流血战斗一直持续到15日，在这期间阵地曾多次易手。

这一天，德军占领了库波罗斯诺耶并切断了第62集团军和第64集团军相邻两翼的联系。第64集团军所属兵团和部队进入了预备地区：库波罗斯诺耶南部、库波罗斯诺耶山沟、145.5高地、耶尔希以东1公里处的高地、128.2高地、伊万诺夫卡。

1942年9月17日，第64集团军司令部发布战斗命令，要求近卫步兵第36师沿公路往北转入进攻，并于当日夺回库波罗斯诺耶城南和库波罗斯诺耶山沟。该师的行动得到伏尔加河区舰队第一支队和近卫迫击炮第4和第19团的支援。

在当时的情况下，苏军要夺回被德军占领的地方是极端困难的，几乎是不可能的。但是，为了夺回战斗的主动权，苏军实施了反攻并进行了顽强的战斗。同时，部队在最关键时刻的坚守和积极的防御粉碎了德军侵占斯大林格勒的阴谋。

德军突破伏尔加河防线和在接合部切断第62和第64集团军相邻两翼之间的联系后，使其可能沿伏尔加河右岸向苏军防御部队侧翼和后方扩展，为此，苏军采取了一些必要措施。

第64集团军于9月18日下达战斗命令指出，鉴于敌人前进到伏尔加河库波罗斯诺耶及其以北一带，他们有可能在那里铺设水雷，沿河向集团军侧翼和后方派遣由自动步枪手组成的登陆队并前进到渡口。为阻止敌人的行动，命令近卫步兵第36师和步兵第126师在伏尔加河右岸各自地段上组织警戒和防御，要经常进行巡逻、观察，对河岸及河面（乘船）进行侦察。要组织由自动步枪手组成的特种分队对付敌人的登陆部队，把这个分队部署在河岸上并配备直接瞄准火炮。特种分队配备有照明弹和信号弹。命令中强调："夜间，分队尤其要提高警惕并作好战斗准备。"

18日，战斗达到炽热状态。德军继续向苏军发起猛攻，企图占领斯大林格勒中心及城南市区。

为了粉碎德军的阴谋，改善第62集团军的处境，各部队采取了积极的行动。

在古姆拉克、戈罗季谢方向上，苏军对斯大林格勒方面军左翼的德军进行了反突击，第62集团军右翼部队负责对德军实施正面反突击。

在消灭了冲入伏尔加河雷诺克地区的德军后，崔可夫的集团军向斯大林格勒方面军靠拢。

9月20日，德军航空兵的飞机炸毁了斯大林格勒1号车站。这时，苏军占据着车站广场旁边的“共产主义树林”，并在这里构筑了堑壕。

21日晨，德军打退了第62集团军从斯大林格勒拖拉机厂西面及西南面的工人住宅区、“街垒”工厂、“红十月”工厂发起的进攻，也击退了第64集团军在库波罗斯诺耶以南实施的突击。

22日，德军步兵部队在100多辆坦克的支援下，向苏军近卫步兵第13师、第34、42团各阵地接连不断地发起冲击。上午，苏军击退了德军12次猛烈冲击。下午，当守卫在一个防御地段的勇士们全部阵亡时，约200多名德军自动步枪手和15辆坦克突破了多尔吉峡谷，并前进到近卫步兵第34团的右翼。同时，另一群敌人则向克鲁多伊峡谷方向发动进攻，占领了广场并前进到炮兵大街，直接威胁该团的左翼。局势顿时严重起来。

几辆德国坦克和许多步兵冲向伏尔加河，苏军近卫步兵第34团的指挥所被包围了。希特勒匪徒开始向团指挥所扔手榴弹。团长帕尼欣少校通过电话向师指挥所报告：“敌人在攻指挥所，并向这里投掷手榴弹。”

保卫团指挥所的分队是：自动步枪排，反坦克枪班和侦察班，还有团长领导下的全体参谋人员。他们同敌人进行了两个多小时力量悬殊的搏斗。在这次战斗中，团政治委员丹尼洛夫严重受伤。近卫步兵第13师师长罗季姆采夫将军得知后，连夜派预备队前去救援。

在其他战斗地段上，形势也同样非常紧张。

沿基辅大街和库尔斯克大街进攻的德军分队攻到了专家大楼一带，近一个团的德军步兵兵力冲过察里察河谷直奔伏尔加河。在其南面，德军另一个配有坦克的步兵团沿国际共产主义青年团大街进攻，切断了步兵第 92 和 42 旅同近卫步兵第 13 师属各部的联系。

同一天，在近卫步兵第 42 团的防区——斯大林格勒 1 号车站东南地区的局势也特别严重，德军包围并切断了该团 1 营、2 营 5 连同师其他部队的联系。

傍晚，第 5 连冲出了包围圈向师属其他部队靠近。费多谢耶夫上尉指挥的第 1 营继续同敌优势兵力进行战斗。

近卫步兵第 13 师其他部队为救援第 1 营采取了很多措施，但均未奏效。

第 1 营的近卫军军人们几乎全部牺牲，但他们也使敌人遭到重创。在车站附近地区，到处是被打坏和燃烧着的敌人坦克及德寇官兵的尸体。

苏军在市区的作战过程中积累了战斗经验，采取了有效的歼敌措施。

9 月 21 日，第 62 集团军司令部指示各兵团、部队：

"有迹象表明，敌人占领了斯大林格勒城区的一些楼房后，立即改造建筑物加强防御，这在一定程度上增加了我们对敌斗争的困难。为了同盘踞在街道各建筑物内的敌人作斗争，要广泛使用手榴弹、各种口径的迫击炮和大炮。工兵分队要使用炸药和火焰喷射器。要特别广泛地进行对窗口、门口和屋顶的射击。"

文件还指出，要搞好航空兵和地面部队之间的配合，每个部队（包括排长在内）都必须配备有信号枪和红绿色信号弹。

为适应在城市这种特殊条件下作战的需要，在第 62 集团军各团均建立了一些新的战术单位，各连、营乃至各班、排都成立了突击组。

在 9 月 21 日至 23 日的战斗中，同前几天一样，德军没有取得决定性进展。经过猛烈进攻，希特勒匪徒也只是在个别进攻地段上向前推进了一点。德军虽然迫使近卫步兵第 13 师的左翼部队后退，但未能将他们逼到河里。罗季姆采夫近卫师的军人们仍牢牢地固守在市中心河岸地带。

在9月13日到26日的紧张战斗中，德军能够达到的目的，只是迫使第62集团军后退，进入市中心，在第62和64集团军的结合部前进到伏尔加河岸。

但是，为了这点进展，德军却付出了很大的代价，死亡6000多名官兵，损失170多辆坦克、100门火炮、200架飞机。

当然，苏军也遭到了重大损失。例如，从9月10日到21日期间，仅第23军就损失了69辆坦克。

新的一天来到了。德国最高统帅部把这一天——10月14日——定为夺取斯大林格勒的新期限。

在此之前，德军进行了充分的准备。他们决心以最有力的突击，一举达到自己的目的。

又一次大规模战斗开始了。

德军同时使用几个师，对拖拉机厂展开新一轮进攻……

为确保这次进攻奏效，德军从前线各个角落，甚至从配置在顿河和加尔梅克草原上的部队侧翼调来了增援部队、工程兵、反坦克部队和其他分队，尽管这些部队在原属地还非常需要。

5个工兵营从德国直接空运投到了作战地区。

德军航空兵第8军以整个兵力支援这次进攻。

这天，是对斯大林格勒保卫者一次最严峻的考验。

德军在4公里左右的正面上集结了3个步兵师和2个坦克师的兵力，开始了高密度的兵力突击。

黎明开始的强大航空兵和炮兵的火力准备是这次进攻的前奏。而后，飞机的袭击、火炮的射击持续到夜幕来临。德军飞机出动次数一天内达到3000架次。

爆炸声震耳欲聋，万物被烧焦，尘土飞扬，烟雾滚滚，5米之内，什么也看不清。

早晨8时，德军坦克和步兵转入进攻，主突方向直指拖拉机厂和“街垒”工厂，猛烈攻击近卫步兵第37师、步兵第95、308师和坦克第84旅占领的阵地。

若卢杰夫将军指挥的近卫步兵第37师，经过前一阶段的残酷战斗，已筋疲力尽了，但在其防御阵地正面的狭窄地带，德军又投入了一个满员步兵师和数十辆坦克。

可怕的空中轰炸以及火炮狂轰，好像已经毁灭了所有的生命。

进攻的德军十分自信，他们以为，在烧得精光、毫无生气的大地上，他们可以大摇大摆地穿过座座倒塌的建筑物了。

但是，德军打错了自己的算盘。就在德军坦克和步兵刚要发起冲锋之时，他们面前的每寸土地、每块石头即刻恢复了生气。

斯大林格勒保卫者们巧妙地利用人工和自然遮蔽物，顽强地坚守着占领的阵地。

争夺拖拉机厂的战斗打得异常猛烈。为每一幢房子，每一层楼，甚至每一个楼梯台阶，都得进行激烈的争夺战。

"街垒"厂和拖拉机厂工人新村间的一些孤立楼房和街道都曾几次易手。

近卫步兵第37师和步兵第95师以及第62集团军的其他兵团隐蔽在战壕、楼房或者倒塌的房子的废墟里，用手榴弹、燃烧瓶、自动步枪痛击敌人。火炮班和反坦克炮班则对敌坦克进行直瞄射击。

但是，力量悬殊太大了。

经过4个小时的残酷战斗，德军突破了苏军近卫步兵第37师的防御，击溃了步兵第112师的左翼，前进到斯大林格勒拖拉机厂、体育场。

傍晚，德军冲入拖拉机厂，然后，扩大突破口，其先遣突击队前进至伏尔加河。

同一天，守卫拖拉机厂接近地的近卫步兵第37师和步兵第95师90团的防御地带内发生的战斗特别艰苦。在这里进攻的是德军步兵第389师和94师，骑兵第100师（轻步兵），坦克第14师和24师，这些部队总共有250～300辆坦克。

每次冲击前，先是一阵猛烈的炮火和航空兵的密集轰炸。德军航空兵一天内在这个地区出动飞机800～900架次。在强大的炮兵和航空兵行动之后，2～3个坦克梯队和跟进的步兵便快速向苏军阵地发起冲击。

在残酷的战斗过程中，近卫军第37师和步兵第90团在左翼兵团的协同和炮火的掩护下，给敌人以重创，击毁德机18架，坦克50辆，歼灭德军官兵200人左右。但是德军仍然占据着拖拉机厂，并在约2.5公里的正面上突向伏尔加河。

10月15日，激烈的战斗在拖拉机厂区和第62集团军战线北段继续进行。德军将其步兵第305师投入了战斗，并力图沿伏尔加河向南和北发动进攻，以便迂回到第62集团军主力的后方，并将其全部歼灭之。

近卫步兵第37师的一些独立分队和部分兵力一直战斗在拖拉机厂工人新村和米努辛斯卡亚大街地区。进行艰苦战斗的还有步兵第95师和坦克第84旅。第62集团军的其余部队也在与德军的小股部队作战。

同德军激烈战斗的地方距第62集团军指挥所只有500米了，这不仅给集团军指挥造成了很大困难，而且对整个第62集团军的“头脑”构成了严重威胁。

斯大林格勒方面军首长了解到第62集团军的艰难处境后，采取了增援第62集团军的措施。

10月14日日终前，方面军司令部令第64集团军将其所属步兵第138师拨归第62集团军司令员指挥。令柳德尼科夫上校即刻紧急集合一个全建制步兵团，在不迟于10月15日凌晨5时，渡河抵达到伏尔加河西岸，听从第62集团军司令员崔可夫指挥。考虑到师里的武器和所有弹药第二天才能运到，所以团里补缺的武器，暂从其他团抽来补充。

但是，15日凌晨，这个团没能渡到西岸。方面军司令员原定这一天亲临斯大林格勒防御最危险的地段，也未能实现。因为德军强大的炮火封锁了所有码头和渡口，当日试图渡到拖拉机厂地区也没有成功。

柳德尼科夫上校率领的步兵第138师的一个团在10月15日夜间进入斯大林格勒，并马上在“街垒”厂以北投入了战斗。

以几个摩托化步兵团加强的德军步兵第389师和坦克第16师，

从早晨就向防守在雷诺克和斯帕尔塔诺夫卡工人新村的戈罗霍夫上校指挥的北方集群发起冲击。同时，德军步兵第305、第100、第94师和坦克第14、第24师继续沿伏尔加河右岸向南进攻。

极为疲惫的近卫步兵第37师、步兵第95师和步兵第138师的一个团，与坦克第84旅一起，抗击着这些强大的、比自己多许多倍的敌人的强攻，他们以最大的力量击退了敌人的冲击。

在眼看他们就要全部阵亡的危急关头，苏军强击航空兵穿过德军高炮的射击及其歼击机的封锁，向敌人实施猛烈突击，集团军属和方面军属炮兵从伏尔加河左岸非常及时地给予了支援。

10月14日至16日，在争夺拖拉机厂的战斗中，苏军表现出了不可动摇的坚定性和高度的自我牺牲精神。

近卫步兵第37师无比勇敢地保卫拖拉机厂，战斗到最后，全师剩下总共不到几百人。近卫步兵第114团剩84人，近卫步兵第117团剩30人，团属炮兵的45毫米加农炮、迫击炮、反坦克枪全部被打坏了。10月16日，师属炮兵参谋长帕夫洛夫大尉、副营级政委苏特林壮烈牺牲，近卫炮兵第86团团长索博列夫斯基中校和师通信主任索洛缅科大尉受伤。

10月16日，方面军司令员叶廖缅科上将过河来到伏尔加河右岸，到达设在距德军400米远的第62集团军指挥所，听取了集团军参谋长关于战斗情况的详尽报告。

德军虽然占领了拖拉机厂，但并没能摧毁苏军在斯大林格勒工厂区的防御。近卫步兵第37师和步兵第95师的余部，为了不被敌人包围和全部被歼，撤到了“街垒”厂附近。

10月16日夜间，步兵第138师全部渡到了伏尔加河右岸。步兵第308和138师成为抵抗德军进攻“街垒”厂的主力。

10月17日，第62集团军所属部队继续与进攻的德军进行顽强战斗。

德军在“红十月”厂区多次冲击都被击退，并遭到很大损失。

雷诺克新村地区和拖拉机厂以北的战斗打得尤为残酷。在那里进行防御的是与集团军主力失去联系的戈罗霍夫上校率领的北方集群。

■ 苏军为保护每一个村庄、每一栋房子而战

德军在这里发动了5次疯狂的冲击，均被打退。在最初几次冲击中，德军的坦克和步兵冲进了雷诺克新村，并且占领了其中一部分地区。但到日终，苏军反冲击分队又将敌全部歼灭。

两天的战斗中，戈罗霍夫上校率领的部队打坏和烧毁德军坦克58辆，消灭德军官兵2000多人。

艰苦的战斗在“街垒”厂区进行着。由于步兵第138和308师之间出现了缺口，德军沿铁路向工厂展开了进攻。

第62集团军司令员下达命令，令步兵第138师师长柳德尼科夫上校立即封闭与步兵第308师之间的缺口，保障该师右翼，建立近距离联络。在任何情况下，都不许敌人进入“街垒”厂区。

柳德尼科夫上校坚决执行了命令。

在残酷的斗争中，丧失战斗力的斯大林格勒保卫者的人数在继续增加。第62集团军首长从后勤部队中将所有能参战的人挑选出来，把他们直接编到了与敌人作战的分队，但是人员还是不够。

危急关头，斯大林格勒的工人们挺身而出，与军队并肩战斗，保卫自己的城市。10月17日，第62集团军司令部建议将“街垒”厂的“工人武装总队”拨给近卫步兵第37师师长指挥。

德军于10月18日突破了步兵第308师战斗队形，前进到“街垒”厂的西区。德军企图完全占领工厂，并进抵伏尔加河62号渡口地区，步兵第138师、近卫步兵第37师、步兵第308和93师坚守占领的阵地，击退了德军的多次疯狂进攻。

斯大林格勒保卫者们继续在战斗。马马耶夫岗、107.5高地、拖拉机厂和察里察河河口通往伏尔加河的要道都已掌握在德军的手中。第62集团军的防地尽在德军火炮的射程之内，一些地方甚至在德军机关枪、自动步枪的射程之内。城内苏军坚守的大楼都被德军航空兵炸毁。交战的枪炮声、厮杀声和熊熊大火交织在一起。

战场态势的改变和主动权的恢复，往往产生于再坚持一下的努力之中。在苏军的顽强坚持下，他们终于迎来了这一时刻。

10月下旬，第62集团军的整个处境终于发生了质的变化。经过几天的激烈交战，担任攻城任务的德军已精疲力竭。从总体上看，战斗的最危急时刻已经过去了。

在10月的战斗过程中，第62集团军的战线虽曾两次被切断，但德军并没有取得决定性的战果，没有挫败城市保卫者的抵抗。与此同时，德军的突击力量和进攻势头开始逐渐减弱。

坚守斯大林格勒城区的第62和第64集团军的顽强抵抗，消耗了大量德军的有生力量。但是，许多街道和城里的街区都落在德军的手里。

9月28日，鉴于斯大林格勒方面军主力与城市的联系被敌人切断，最高统帅部大本营命令，将斯大林格勒方面军改名为顿河方面军（含第63、21、24、66和近卫第1集团军），任命罗科索夫斯基中将为顿河方面军司令，军级政委热尔托夫为军事委员会委员，马利宁少将为参谋长。将正在直接保卫斯大林格勒的东南方面军改名为斯大林格勒方面军（含第62、64、57、51和28集团军），任命叶廖缅科上将为斯大林格勒方面军司令，赫鲁晓夫为军事委员会委员，扎哈罗夫少将为参谋长（从10月6日起，参谋长则由瓦连尼科夫少将担任）。各方面军都直接隶属于最高统帅部大本营。

此时，苏军最高统帅部大本营预见到，德军强渡伏尔加河的危险性依然存在，而且一旦其渡过伏尔加河，战局将可能发生逆转。

因此，大本营决心坚决阻止德军越过伏尔加河。

此时，远在德军大本营的希特勒则认为，斯大林格勒的作战进程虽然缓慢，但会战的结局肯定会有利于他。

然而，战局却正在向与希特勒的判断相反的方向发展着。

苏军依靠强大的后方，使斯大林格勒的力量不断增强。在斯大林格勒方向上，苏军的兵力和装备逐渐得到扩充，并采取了一些阻止德军可能突然强行渡河的措施。

10月，根据大本营的指示，苏军将三个筑垒地域（第77、118和156）移到伏尔加河左岸，编入坦克第2军的防御体系。

新的兵团陆续抵达斯大林格勒地区。城南集结了骑兵第4军的第61师和87师。步兵第7军（步兵第93、96、97旅）在杜博夫卡和维亚佐夫卡地区的集结也已完成。调给斯大林格勒方面军的部队还有步兵第169师和第45师。有7个步兵师从大本营预备队调到了顿河方面军。

为了组织好斯大林格勒地区伏尔加河诸岛屿（斯波尔内、扎伊采夫斯基、戈洛德内、萨尔斯基）的坚固防御，苏军大本营给斯大林格勒方面军调来了机炮营，同时将索科洛夫上校指挥的步兵第45师、1个防空团和20挺大口径机关枪都调给了斯大林格勒方面军。

斯大林格勒方面军和顿河方面军为了执行最高统帅部的命令，正准备进行一次新的进攻战役。

第64集团军开始组建突击集团，定于10月22日前，在城西北方向和市中心实施突击。

顿河方面军受领的任务是，采取积极行动，牵制市内德军兵力。

第64集团军的反攻，于10月22日开始了。

出其不意的反攻使德军措手不及。很快，苏军就占领了146.0高地，并在库波罗斯诺耶、安德烈耶夫斯基农庄、泽廖纳亚波利亚纳、佩斯昌卡方向，顺利地向西北推进，击退了德军步兵第295师和71师，以及第100师和摩托化步兵第29师的部分部队的疯狂反击。

德军时而撤退，时而抵抗，时而又调遣预备队进行反击，企图阻止第64集团军反击部队向前推进。

当第64集团军反击部队解放了安德烈耶夫斯基农庄和泽廖纳亚波利亚纳附近的无名高地时，他们的战斗队形陷入了孤立突出的境地。

此时，德军使用100多门火炮向他们开火，炮轰后又将100多辆坦克和近2个步兵师的兵力投入反攻。

德军坦克突破了第64集团军反攻部队孤立的战斗队形，但进入苏军防御纵深后，被苏军的反坦克炮所消灭。德军步兵脱离自己的坦克，进行连环式反冲击。苏联步兵和穿着呢外衣、戴着海军无檐帽的水兵们，用火力和刺刀阻挡住了德军的反冲击，并以巨大的代价坚守住了夺回的阵地。

夜间，德军调来了预备队，从而使其在步兵兵力和坦克数量上形成优势，迫使第64集团军进攻兵团退回到原来的阵地。

在第64集团军反击时，斯大林格勒方面军和顿河方面军左翼兵团也向当面德军发起了反击。他们的进攻取得了很大成果，不仅将德军的很大一部分兵力从第62集团军身上引开，而且阻止了德军在主突方向上重新调配其兵力。

10月25日晨，经过40分钟的炮火准备和航空兵突击后，第64集团军的右翼兵团再次转入反攻。这次反攻仍在库波罗斯诺耶和泽廖纳亚波利亚纳地区进行。

激烈的战斗从10月25日一直持续到11月1日。当苏军进攻部队向前推进3~4公里，并占领了库波罗斯诺耶南部后，德军实施了顽强的抵抗，使苏军部队无法继续推进。但这次反突击，牵制了德军的大量兵力。

11月2日，在北方集群的防御正面上，战斗又以新的声势开始了。早晨7时，德军开始进行大炮和迫击炮的疯狂轰击，轰炸一直持续了10个小时。

17时整，德军发动了坦克攻击，在德军炮轰时，苏军进行了严密防护，使兵力兵器得到了有效的保存。所以，当德军开始发起攻击时，苏军在自己的阵地上好像从未遭到狂轰滥炸一样，猛烈地还击了他们。

两天后，德军重新轰炸。这一次不仅轰炸北方集群的阵地，而且同时轰炸了伏尔加河左岸及苏军炮兵火力阵地所在的群岛，但是，当德军又发起冲击时，同样遭到了苏军有力的还击。

德军在这个方向上的全部进攻，都遭到了失败。

德军为保住在斯大林格勒已经占领的领土，开始修筑工事（土木火力点），设置防步兵和防坦克障碍物，以便阻止苏军的进攻行动。针对这种情况，第 62 集团军命令各部队，要昼夜不间断地监视敌人，并对已暴露出的工程点实施机关枪扫射和炮击，以摧毁敌人设置的各种障碍物。

斯大林格勒久攻不下，使希特勒极为不满。他对他的将军们大发雷霆，命令他们尽快拿下斯大林格勒。为此他要求继续“增强力量”，实施进攻。

按照希特勒的旨意，德军在 11 月 11 日至 12 日，再次向苏军第 62 集团军大举进攻。

尽管德军统帅部下达了无比坚决的命令，但是，进攻斯大林格勒的德军仍然无力冲破苏军的防御。

到 1942 年 11 月 18 日，斯大林格勒会战的防御共持续了 4 个月。德军先后调来 50 多个师的兵力，但始终未能实现其战略企图。德军在进攻斯大林格勒的作战中遭受了巨大损失，死伤近 70 万人，损失火炮和迫击炮 2000 多门，坦克 1000 多辆，战斗机和运输机 1400 多架。

德军完全被苏军钳制在斯大林格勒城下，陷入被苏军半包围的态势。

在这种形势下，苏军已悄悄地完成了大反攻的准备。

六、哈德尔成了替罪羊

在斯大林格勒久攻不下的情况下，德陆军总参谋长哈尔德大将应召来到元首办公室。

他感到忐忑不安，但更多的是压抑和愤懑。几个月来，他同希特勒之间的分歧越来越大，常常发生争执。他不明白，希特勒到底想怎样赢得这场战争的胜利？

同时攻占高加索和斯大林格勒，这是多么明显的失误。陆军根本没有力量在两个方面同时进行两场强大的攻势。可元首，他总认为俄国人已经完蛋了，他做出的决定总是既不合逻辑又不切情理。

陆军总参谋长，这个一度重权在握的职位，现在似乎说不上一句话了。

哈尔德脑中又浮现出最近同希特勒的一次激烈争执。

当天，莫德尔元帅的第 9 集团军在勒热夫被苏军朱可夫大将指挥的西方面军围攻。第 9 集团军损失惨重，哈尔德要求赶快下令允许该集团军撤退。

希特勒大发脾气："您只有一个建议，撤退。我希望，我的指挥官能和战士们一样坚韧不拔。"

哈尔德第一次失去了自持力："我是坚强的，我的元首。可我们优秀的士兵正在那里倒卧沙场，其原因不外乎是有人不让他们的指挥官做出合理的决定。"

希特勒不禁一愣，他双目直视哈尔德，粗声粗气地说："哈尔德将军，您怎敢在我面前使用这种语言！你认为你可以教训我，可你知道前线的士兵在想些什么吗？前线的情况你知道些什么？第一次世界大战时你在哪里？你还装模作样，说我不懂前线的情况。我不能容忍，这简直是无法无天。”

在场的将军们一个个溜了出去，哈尔德也感到有些后悔。也许，就是这个无权的职位，恐怕也难以维持下去了。

今天，斯大林格勒前线的艰难日子，恐怕已经搅得元首坐卧不安了，对这一切，他肯定要找个替罪羊，以表白自己没有过错。

哈尔德大将来到元首办公室，希特勒客气地请他坐下，然后发话了：

“您我两人一直在受着精神折磨。我之所以筋疲力尽，一半是因为您。不值得再这样下去了，我们现在需要的是国家社会主义热情，不是空谈者，这些我并不想在你这样一个老式军官身上得到。”

哈尔德一声不吭，结局他早料到了，一等到希特勒说完，他便站起身来。

“我走了。”说完这句话，哈尔德便昂首阔步，离开了房间。

斯大林格勒和高加索战局的发展如此令人失望，使得希特勒不得不想法摆脱困境。首先为了表白自己无罪，他得把罪过推到别人身上。早在9月9日，指挥A集团军群在高加索方向作战的利斯特元帅被免去了司令职务，希特勒自己执掌了该集团军群指挥权。而今天，陆军总参谋长哈尔德大将也被迫辞去了职务。

希特勒希望找到一个在陆军中要坚定地贯彻他的决定的人。他看到了一位无限忠实于他、坚决贯彻他意图的执行者。这就是西线D集团军群参谋长库特·蔡茨勒。

希特勒算找对人了，在陆军中，最忠实于他的要数蔡茨勒了。就在刚升为陆军总参谋长不久，蔡茨勒就追随着元首的腔调，在自己发布的命令中断言，苏军不具有大数量的预备队，所以没有能力进行大规模的战役。

这样一来，德国最高统帅部继续保留着德军将拿下斯大林格勒的信念。30日，希特勒在德国国会大厦发表演说时指出：“你们可以相信，我们将进攻斯大林格勒并将占领它……如果我们占领了某个地方，那谁也休想把我们从那里赶出来。”

戈培尔在同土耳其记者的一次谈话中说：“我是个言谈谨慎的人，我可以自信地对你们说，冬季来临之前，俄国军队再不会对德国构成威胁了。我讲这一点时，深信事情的发展会像往常一样，它是不会辜负我的。我请你们过几个月之后再来回忆我的这次谈话。”

斯大林格勒的交战丝毫没有减弱的势头。

第五篇
坚如磐石的城堡

苏军在斯大林格勒地区的反攻，使德国将军们大吃一惊。他们感到这是一个不祥的预兆！如果说保卢斯在尝到被苏军打击的威力之后，已开始意识到这场灾难的严重程度，那么在遥远的德国大本营里，希特勒还陶醉在他那不可战胜的梦幻中。

一、被烈火吞噬的城市

德国大本营的命令很快传到第6集团军司令部。保卢斯看着电文，感到肩上的担子太沉重了，他明白眼下已到攻城的最后关头。

德军突入斯大林格勒城区后，战斗就变得异常激烈。敌我双方为争夺每一座房屋、车间、水塔，甚至为争夺一堵墙、一个地下室、一堆瓦砾而展开激烈交战，其激烈程度是开战以来所未有过的。

经过13天的血战，德军终于占领了该城城南和市中心大部分区域。本来保卢斯打算让参战部队休整一下，补充弹药和人员再继续作战，岂料大本营一再催促，口气一次比一次严厉，甚至把对斯大林格勒作战持不同看法的总参谋长哈尔德上将的职务都免除了。保卢斯意识到大本营把此次战役看作关系到第三帝国命运的整个战局，已容不得有丝毫闪失。

但是，要重新进攻必须补充兵力，保卢斯向大本营提出了要求。大本营决定从其他战线陆续抽调部队开往斯大林格勒，同时将霍特第4坦克集团军的两个师调拨给他，又给他增派了6个师的兵力。

保卢斯心情亢奋起来，他立刻调兵遣将，对战线作了重大调整。除了攻占马马耶夫岗外，将进攻重点转向城市北部，摧毁仍在源源不断生产坦克、大炮的“红十月”厂、拖拉机厂、“街垒”厂，妄图将苏第62集团军彻底消灭。

在一次作战会议上，保卢斯对心有疑虑的部属点拨道：“考虑战事首先要从第三帝国整体利益出发，无论如何要攻占斯大林格勒，要使第6集团军战斗到最后一兵一卒。”

德军精心准备的新一轮攻势打响了。

崔可夫一直观察着德军的行动，德军在拉兹古利亚耶夫卡和戈罗季谢一带的大量集结立刻引起他的警惕。他判断保卢斯的意图是要将战斗重点转向城北。

崔可夫开始为马马耶夫岗忧虑起来。当时马马耶夫岗顶部由苏第95师控制，而其南坡和西坡则在德军手里。这些天，德军已加强了在马马耶夫岗的兵力，崔可夫想：与其坐以待毙，莫如先敌下手。

26日下午18时，他给守军下达了反击命令。次日清晨，苏军集中了150门大炮和3个火箭炮团，对马马耶夫岗南坡进行猛烈炮击。尔后，戈里什内上校指挥第95师发起冲锋。战斗进行得很顺利，只用一个小时就把德军赶出了山岗西坡和南坡。

上午10时30分，德航空兵对苏军阵地猛烈轰炸，从前沿一直到伏尔加河岸。戈里什内师在马马耶夫岗构筑的支撑点，均被敌人的轰炸和炮击彻底摧毁。

第62集团军的指挥所也接连遭到敌机的轰炸，附近的油箱烧起熊熊大火。从戈罗季谢地域进攻的敌人坦克，不顾一切地穿过了地雷场，敌人的步兵跟在坦克后面一股股地冲上来。到了中午，集团军同各部队的通信联络中断，无线电台出了故障。

由于集团军与部队不能经常保持通信联络，指挥所虽然与前沿最大距离只有两公里，可是仍然不能准确地掌握前面的情况。为了及时了解战斗过程，他们不得不一再把指挥所向前推。有时，崔可夫等只好带上通信参谋，亲临火线。

由于烟尘滚滚，不便观察，他们即使到了第一线仍难免不能掌握战斗的全貌。晚间，他们回到指挥所时，又发现司令部里牺牲了不少参谋人员，感到十分伤心。

直到深夜，崔可夫才确切地掌握到一些具体情况。敌人不顾重大伤亡，已经穿过了雷场，突破了苏军的第一线防御，在若干地段上已经向东推进了2～3公里。崔可夫心里想：“如果敌人再组织这么一次进攻，我们就要被赶到伏尔加河里去了。”

在莫斯科，斯大林望着地图上标出的苏军日益缩小的防区，陷入忧虑之中。这一天他与崔可夫、华西列夫斯基讨论了前线形势，做出了影响战局的两项决策：第一，迅速向被包围的苏第62集团军增派部队；第二，改组斯大林格勒战区的指挥系统。

以后的日子崔可夫是在焦虑不安和期待中度过的。苏军的顽强抵抗和源源不断的援军使他松了口气，对战局日益充满信心。从9月27日夜到10月2日，短短6天，最高统帅部派来了4个师的兵力，它们是9月27日夜参战的步兵第193师；9月30日参战的近卫第39师；10月2日参战的步兵第308师和近卫第37师。苏军的顽强抵抗和援军的到来，终于遏制住了德军狂潮般的进攻势头。

德军第6集团军司令部，保卢斯正在看着一张斯大林格勒地图。这次进攻又受到守军层层阻击，交战双方陷入了一场大混战。仅当天，德军就损失坦克29辆，伤亡官兵1500人。光是丢弃在马马耶夫岗斜坡上的尸体就有700具。

保卢斯两眼紧紧盯住地图上的奥尔洛夫卡，守卫这里的苏军直接威胁着德军部队侧翼，为消除隐患，他决定拿奥尔洛夫卡开刀。

9月29日，德坦克第16师、步兵第389师和施塔赫尔突击集群向防守在该地区突出部的苏步兵第115旅、第149旅和摩托步兵第2旅发起进攻。在德军强大攻势面前，守军陷入重围，德军原以为很快会结束战斗，没料到竟打了7天7夜。

以奥尔洛夫卡山谷之战为例，苏第115旅第3营被德军围了整整6天，但他们仍一次次击退德军进攻，最后在弹尽粮绝的情况下才被迫突围，全营400余人只剩下20多人。

保卢斯为一举清除奥尔洛夫卡山谷付出了重大代价。苏军的兵力虽然比较薄弱，但在该地段上牵制了德军第16师的近百辆坦克以及步兵第389师和施塔赫尔集群。

第62集团军整个防御正面上都在进行激战，马马耶夫岗以北战斗更加激烈。军事委员会分析了集团军整个防线上的情况后认为，敌人下次的强大突击将指向斯大林格勒拖拉机厂、“巴里卡德”工厂和“红十月”工厂。敌人已把重兵从斯大林格勒南郊调到了这个方向。

崔可夫利用从维什涅瓦亚长形凹地至伏尔加河岸之间4～5公里的地区，组织了纵深梯次的防御，把若卢杰夫少将的近卫第37师部署在第二梯队。此外，还给工人支队补充了武器，使他们与部队之间建立了协同通信联系。原先工人支队只是修复被破坏的火炮和坦克以及其他兵器，如今他们必须拿起武器与第62集团军的战士们并肩保卫自己的工厂了。

萨拉耶夫师的一个团，作为预备队，被调到伏尔加河的左岸。

集团军的中央地段上，即红十月镇和巴里卡德镇一带，战斗一直进行得十分激烈。古尔季耶夫师于10月2日实施了反冲击，遭敌阻击后，于日落前终于攻占了硅酸盐工厂的一部分以及巴里卡德镇的西北郊。至此，再无力向前发展。

9月底10月初的日子里，苏第62集团军的防线上，到处进行着激烈的交战。德军占领了奥尔洛夫卡后，就对靠近伏尔加河边的“红十月”厂、“街垒”厂和拖拉机厂发起进攻。

守卫“红十月”厂的是古里耶夫少将指挥的近卫第39师。这个师把工厂的各个车间都变成了攻不克的堡垒，而工人们竟然在密集的枪声中坚守着岗位。

德国人的进攻开始了，密密麻麻的炮弹把工厂围墙轰塌了，但德国士兵一接近工厂区就遭到苏军猛烈炮火的还击，战斗呈胶着状态。几天后德军发现在“红十月”厂和“街垒”厂之间，有一条从伏尔加河一直向西延伸的冲沟，沟里堆满了炉灰渣。他们打算利用冲沟发起进攻。

其实，苏军早已发现了冲沟的秘密，波得·扎伊采夫中尉率领一个机枪排守卫在冲沟后面。当德军悄悄逼近时，扎伊采夫用准确的点射回敬他们。

偷袭不成，就来强攻。德军的炮兵压得阵地后的苏军抬不起头，但炮火一停德军开始冲锋时，苏军的机枪就响了起来。忽然，一机枪手被击中倒下了，列兵叶梅利扬诺夫立刻冲上去，用机枪不停地扫射着。

这一天德国轮番冲锋数十次。扎伊采夫受伤了，排长也倒在机枪旁，身后是卡拉肖夫中士在指挥作战。黄昏时，那条沟里躺着400多具德军尸体。

10月初，整个斯大林格勒像一座熊熊燃烧的大火炉。城北作战异常激烈，市中心枪炮声也从未停止。经过不停的轰炸，城市建筑早已倒坍，但行进在瓦砾间的德军依然心惊肉跳，他们不知什么时候会从什么方向射出一串子弹，每前进一步都要付出流血的代价。即使是德军完全占领的区域，也总有几座楼房成为德军难以攻克的堡垒，消耗着德军力量。保卢斯不得不分散力量，去对付来自四面八方苏军的威胁。德军的进攻也就从开始的狂潮怒涛，渐渐变成平缓的细流碎浪，最终走向枯竭。

二、“危机过去了”

斯大林格勒守军最艰苦的日子来临了。

城内展开着激烈的巷战，冲锋和反冲锋、突破与反突破、包围与反包围混作一团。双方交战阵势犬牙交错着，为争夺每一条大街、每一幢房屋、每一个广场、每一家工厂而奋力拼杀着、搏斗着，鲜血染红了城市的每一寸土地。但是，在10月上旬的日子里，德军凭着人多势众，逐渐掌握了战场上的主动。

德军占领了城南和市中心，他们插入城北叶尔曼区、捷尔任斯基区、红十月区、街垒区和拖拉机厂区，隐蔽在河边的机枪不断地朝伏尔加河左岸扫射。德军轰炸机从日出到日落不停地向大地俯冲着，发出低沉的怪叫，连续不断地轰炸着苏军阵地。躲在战壕里的苏军战士脑中不时闪现着一个令人心悸的念头：我们的条状防御地带会不会被德军冲破呢？

这一念头也在崔可夫的脑中闪现。这几天，他焦虑地发现，指挥所地图上标示战线的位置变化很大，蓝色铅笔标着的战线在持续推进，红铅笔标着的苏军防线在逐渐缩小，变得越来越窄。

从10月3日起，德军向“红十月”厂、“街垒”厂、拖拉机厂发起猛攻。守卫这一地域的苏近卫第37师、近卫第39师和步兵第308、第95、第195师奋起反击。德军在进攻前，先以飞机狂轰滥炸，尤其在拖拉机厂区战斗异常激烈，从9月底起，德机每天出动数百架次对拖拉机厂不停轰炸，工厂已陷入一片火海。

10月初，第62集团军决定将斯大林格勒各工厂的工人武装总队编入集团军，发给武器和给养，与士兵协同作战，保卫自己的工厂。

工人们表现得十分勇敢，他们虽然是第一次拿起武器，但对炮轰和空袭早已习惯了。几个月来，他们一直在密集的枪炮声中坚守着工作岗位。现在他们在车间里已听得见德国人皮靴的声音，听得见口令和喊叫声，甚至子弹上膛的声音。他们立刻拿起武器，埋伏在锅炉旁、机器旁，瞄准着向德军射击。

工厂成了战场，成了堡垒，不时有火光闪动，空气中弥漫着呛人的硝烟，忽而又传来阵阵爆破声。

然而，德国人还是一步步向前推进。

10月8日，德军开始准备新的进攻。希特勒已经向他们的仆从国许下诺言，要在近日内拿下斯大林格勒。

在堑壕里的德军士兵疯狂地叫喊："俄国人，快要在伏尔加河里咕嘟啦!"

德军飞机向城内撒了大量传单，威胁说："苏军将士如果不投降，希特勒必将给予严惩。"传单上印有苏军被坦克和火炮团团围住的图片。

德军的这些东西没有取得任何效果，苏军的党团组织夜袭部队和分队进行不懈的宣传教育工作，揭穿了敌人的欺骗宣传。

当时苏军军营里盛行着一首歌曲《献给英雄城》，这首歌是中士帕诺夫写的。他的歌词朴实无华，近卫军战士们都喜欢。这首歌像生活本身那样真实：

> 战火隆隆，震动街区，
> 马达狂吼，不肯停息；
> 团队奋起，誓死保卫伏尔加河岸，

宛如铜墙铁壁。
让敌人永远不能忘记，我们从来不会放弃一地，
这是同志临终前的豪言壮语。

战士们当时有个信念：只能歼灭敌人，不能向后撤退；为了保卫祖国的土地，要寸土必争。

10 月 14 日，希特勒向德军下达命令，在整个苏德战场上转入战略防御，而在斯大林格勒方向发动更猛烈的进攻。

黎明开始的强大航空兵和炮兵的火力准备是这次进攻的前奏。德军飞机出动次数一天内达到 3000 架次。

爆炸声震耳欲聋，万物被烧焦，尘土飞扬，烟雾滚滚。5 米之内，什么也看不清。

在经过 5 个多小时昏天黑地的轰炸之后，保卢斯调集了 5 个步兵师和 2 个装甲师向城北工厂区只有 5 公里长的狭长防线猛扑过来。

这天清晨，崔可夫就预感到了危险。德国轰炸机在空中隆隆作响，他抬起头，仔细静听。头顶上响起了炮弹的呼啸声，霎时间，附近的爆炸声震动了大地，阵地迸出火花。炮弹爆炸的轰鸣声震耳欲聋，根本听不到飞机的声音。

四周烟尘滚滚，到处是焦煳和火药气味，一时间天昏地暗。崔可夫连忙向通信主任尤林问道：“通信情况怎么样？”

尤林报告说：“经常坏，我已经接通了无线电。”

崔可夫大声喊道：“那不够用……赶紧动用左岸的备用通信枢纽。要尽快把密码译出来，把情况报告给我们。”

清晨 8 时，德军在拖拉机厂、“街垒”厂发起进攻。守卫该地域的苏近卫第 37 师、步兵第 95 师、第 308 师在 10 月初的激战中减员严重，而德军以优势兵力步步推进。

在近卫第 37 师第 109 团阵地上，德军的 3 次进攻都被击退了，阵地前有 20 余辆坦克被击毁，德军丢下了 300 多具尸体。但德国人在进攻被击退后，又不顾一切地冲了上来。德军的大炮压得第 109 团苏军抬不起头。

10 时整，第 109 团阵地被德国人夺占了。但战斗没有结束，

苏军士兵钻入地下室和残破的楼房内继续战斗。

德国人看到街道上空无一人，就大摇大摆行进在一座座倒塌的建筑物上。突然，他们遭到迎头痛击，手榴弹、燃烧瓶从瓦砾堆里飞了出来。最后德军使用喷火器，烧一段攻一段，苏军一边还击，一边撤退。经过 4 个小时激战，37 师防线被突破。

■ 苏军誓死保卫拖拉机厂

这一天，崔可夫指挥所一片忙乱。电话员们向各通信线路拼命呼叫着，通信参谋在向集军参谋长不断报告收到的战况，打字机也在劈劈啪啪响着，掩蔽所上空炮弹和炸弹呼啸着，棚屋上的尘土不停地洒落下来。久经沙场的崔可夫也有些沉不住气了，他打电话给空军集团军司令员赫留金将军，请求他设法让德国人的飞机安分点。赫留金回答说，实难从命，因为德军已封锁了苏军各个机场。

接下来是一连串不幸的消息：

11 时，德军突破近卫第 27 师和步兵第 112 师左翼阵地。

11 时 50 分，德军占领拖拉机厂的体育场，守军一个营与敌陷入混战。第 37 师报告：被敌包围的第 114 团固守在楼房和废墟里，阿纳尼耶沃营 6 连官兵全部阵亡。

12 时，无线电传来近卫第 117 团报告："团长安德烈耶夫牺

■“红十月”厂争夺战现场

牲，敌人包围了我们，我们宁死不降。”

12 时 10 分，步兵第 308 师报告：“敌人的坦克从西面向我阵地实施冲击，战斗十分激烈。炮兵对敌坦克进行直接射击。我们已遭受损失，特别是敌人的航空兵，对我们的威胁更大，请求拦击法西斯空中强盗。”

12 时 30 分，敌人的俯冲轰炸机轰炸近卫第 37 师指挥所。掩蔽部坍塌，师长若卢杰夫将军被困在里面，与他的通信联络中断。集团军司令部当即接替了对该部队的指挥。

下午 3 时，若卢杰夫亲自来到集团军指挥所。他满面灰尘，浑身湿透，向指挥所报告：

“同志们！近卫第 37 师正在坚持战斗，决不后退。”当他走下土台阶时，双手捂着脸，激动地流下热泪。

这一天第 62 集团军防线被德军再一次拦腰切断，德国人在拖拉机厂和“街垒”厂间打通了一条约 105 公里的走廊。从 15 日到

18 日，德军继续向苏军猛攻，战斗转向了“街垒”厂和“红十月”厂。守卫这两个厂的苏军殊死抵抗，德国人的元气也渐渐丧尽。到 10 月底，进攻已停顿下来。

“危机过去了。”崔可夫向方面军司令员叶廖缅科将军汇报战况，并分析说敌人在 11 月初已无力组织像 14 日那样的重大进攻，叶廖缅科同意了崔可夫的判断。

三、心神不宁的保卢斯

德国第 6 集团军司令部设在顿河边。这些日子，军官们出出进进地汇报着战场动态，表面一切如故，那不断响起的电话铃声、打字声、军官们皮靴发出的吱吱嘎嘎的声响不绝于耳。

与交战初期相比，保卢斯变得更加沉默了。他有时在与人谈话中会突然走神，陷入沉思。他在想什么呢？

保卢斯这些天确实有些心神不宁，他有一种大祸临头的预感，但又不知道祸从何来。起先他认为攻占斯大林格勒不会有什么麻烦，俄国人由于夏季的惨败已没有力量进行有力的进攻了，岂料仗越打越激烈，越打越残酷，战场从顿河草原开阔地转到被大大小小沟壑分割的、有许多小树林和山谷的伏尔加河沿岸，又打到斯大林格勒坑洼不平的工厂区。整整 4 个月，杀得天昏地暗，血流成河，每一次进攻都觉得胜利该到手了，但每一次又总是差那么一点。元首一次次下命令规定攻占的日期，却一次次落空。一个马马耶夫岗、一个巴甫洛夫楼，居然炮轰火烧久攻不下。不，他保卢斯绝不是胆小如鼠之辈，他有顽强的意志和决心，他决不怜悯士兵的流血牺牲，曾一次又一次把部队投进去，把城市炸成了废墟，烧成了焦土，把苏军挤压到只剩 25 公里长的阵地上。可偏偏这时攻不动、打不了、炸不垮，他百思不得其解。

从军事上分析，他所采用的战术完全符合作战原则，楔形攻势、两翼包抄、纵深穿插，每次进攻只选一个方向重点突破，天上地下立体作战，德军已占领了这座城市大部分了。

仗打到这种程度，抵抗已失去意义，一般来说守军不是全线崩溃就是缴械投降了。偏偏俄国人抵抗会变得越来越猛烈，炮轰、射击、枪刺、刀劈，甚至拳打脚踢、牙咬手抓，直到苏军士兵的生命消失，阵地才被深沉恐怖的寂静笼罩。多么可怕的战场啊！不要说德军士兵受不了，他保卢斯过去也闻所未闻。这仗该怎么打啊！

每当作战受挫，保卢斯就会想起被他撤职的维特斯海姆将军，想起他说的话。现在他有些理解这个倒霉的将军了，但他不能步他的后尘。他明白他的命运是牵在千里之外的元首手中。想到这里，保卢斯突然恍然大悟，原来他心神不宁的根本原因是怕元首追究责任。德国人几十万大军从夏天打到秋天，现在冬天也快到了，居然还不能占领这座城市，元首会怎么做，自己会不会像哈尔德那样被撤职？眼下看还没这种危险，但仗再拖延下去就难说了，到时候即使元首不愿意也不行。前些日子，那个可恶的空军将军里希特霍芬就在元首面前说什么保卢斯如果精神再振作一点，早该拿下斯大林格勒了。真是混蛋，让他来试试。

冬天到了，奔腾不息的伏尔加河上漂流起大大小小的冰块，这正是河上运输的最危险时期。苏军不少装载弹药的小船在夜色中或被夹在冰块间，或撞向冰块而漏水沉没，来往于两岸间的不少航道开始停航。保卢斯正是选择这一时机开始对苏军发起进攻。进攻之前他心中有些不安，因为他刚刚收到驻扎在顿河弯曲部的步兵第44师报告，宣称在那里发现了大批苏军。步兵第376师随后也反映有大量苏军集结，难道俄国人想以纵深包围的方式对第6集团军的翼侧实施突击？正当他心里惴惴不安时，却接到元首大本营发来的进攻命令。

元首对形势的判断远没有他那么悲观。11月9日希特勒在慕尼黑出席纳粹元老周年纪念的大会上发表演讲，他充满自信地说：

> 我要到伏尔加去——到一个特殊地方，一个特殊城市去。凑巧，该城有福气取了斯大林的名字……的确这是个

重要城市，因为在那儿可以截住3000万吨河运，包括900万吨石油，浩大的乌克兰和库班地区的粮食也是运到那儿，再向北方运输的，那儿有大矿——它有一个巨大的装运企业。这就是我要夺取的，而且，你知道吗？尽管我们谦虚——我们已经把它夺到手了，仅剩下几小块孤立的地区了。现在，有人会说："那你们为什么不打得再快一点呢？"因为我不想有第二个凡尔登，原因就在于此。

两天后，保卢斯发动了对斯大林格勒守军的最后一次进攻。此刻，他想或许苏军真的山穷水尽，这一次他大概能旗开得胜、大功告成了。

11日6时30分，马马耶夫岗和城北工厂区又响起激烈的枪炮声。德军的炮火猛烈轰炸着苏军阵地，大批助攻的飞机也飞临上空，从腹部不断抖落出重磅炸弹、燃烧弹，城北陷入火海中。

参加进攻的德军有5个步兵师、2个坦克师，还有从后方调来善打巷战的工兵营。

11时30分，德军击破了苏戈里什内师的防线，包围了柳德尼科夫师，第62集团军的防御被切割成3个孤立的部分，到了16日，第62集团军的形势进一步恶化，德军已把守军赶至伏尔加河边。

远在千里之外的希特勒密切关注着伏尔加河畔的这场激战。从地图上看，苏第62集团军已被分割成孤立的3块，4个月来的血战总算到了尽头。这位狂妄的独裁者太需要这一场胜利了，如果让第三帝国的旗帜插在这座以斯大林名字命名的城市，就等于向世人宣告他希特勒征服世界的计划是任何人也无法阻挡的。他的心中早已被这幅美妙的图景所吸引和陶醉，早就迫不及待地向国人暗示斯大林格勒即将陷落，岂料前线传来的报告总是含糊其辞地暗示战斗异常激烈和残酷，他已经在那里陆续投入了100多万兵力，现在已看到了曙光，然而此刻却传来了德军攻打"红十月"厂受挫的报告。他感到不可思议，那些微不足道的溃败之敌竟然在重重围困中，带着伤痕和病痛，怀着不可动摇的信念，担起了残酷战斗的重担，让进攻的帝国士兵难以越雷池一步。

苏军的顽强抵抗激怒了希特勒，他只有严令保卢斯不顾一切地进攻、进攻，用猛烈的炮火将苏军防线瓦解于一片废墟中，连同苏军战士的生命一同消失。11 月 17 日，希特勒给保卢斯去电：

> 第 6 集团军司令部：
>
> 我得知夺取斯大林格勒的斗争有许多困难并且损失了大量部队。但是，现在由于伏尔加河结冰，俄国人的困难更多，假如我们利用这段时间，以后我们就能保证少流血。
>
> 我期待指挥员们像过去多次表现的那样，再一次竭尽全力，做好各项工作，而部队也能像它们经常表现出来的作战艺术那样打好仗，至少要冲到炮兵工厂和钢铁企业区附近的伏尔加河岸边，并夺取这一部分城区。
>
> 航空兵和炮兵应尽全力为这次进攻开辟道路并坚决支援这次进攻。
>
> 阿道夫·希特勒

这一命令，规定向战斗在斯大林格勒的德集团军各级指挥官进行口头传达，在命令下面保卢斯又添加一行字勉励他的士兵：

“我相信，这一命令会在我们英勇的部队中引起新的精神振奋。”

然而，4 个多月的血战已使德国人用尽了最后一点力气，他们把崔可夫的部队赶到了伏尔加河边，再往下赶却无能为力了。

战场的力量对比开始发生了变化。德军先后调来 50 多个师的兵力，但始终未能实现其战略企图。德军在进攻斯大林格勒的作战中遭受了巨大损失，死伤近 70 万人，损失火炮和迫击炮 2000 多门、坦克 1000 多辆、战斗机和运输机 1400 多架。希特勒要保卢斯不顾一切地进攻，德国第 6 集团军的侧翼防线变得薄弱了。德军完全被苏军钳制在斯大林格勒城下，陷入被苏军半包围的态势。

在巷战中德军已耗尽了最后一支预备队，这就为斯大林的反攻创造了条件。就在希特勒发布命令两天之后，一场风暴席卷斯大林格勒。斯大林已悄悄集结了100多万部队，从这座城市的北部和南部发起战略反攻，从而决定了这场会战的命运，也决定了第三帝国走向衰亡的命运。

四、“飓风”计划的出台

早在1942年9月中旬，苏军大本营和总参谋部就开始着手拟制一个极为机密的作战计划。

关于这个计划的机密程度，斯大林曾对朱可夫和华西列夫斯基说：“关于我们的计划，以后我们再继续谈。在这里讨论过的问题，除我们三人外，目前不要让任何人知道。”

这是一个由3个方面军实施的围歼斯大林格勒地域德军的反攻计划，它的代号是“飓风”。

这个计划的总目标是：利用苏军对德军第6集团军和第4装甲集团军所形成的有利包围态势，以3个方面军对德军两翼实施突击，合围德军，尔后消灭伏尔加河与顿河之间的德军主力。

11月13日，晨光熹微，莫斯科又是一个晴朗的日子。

一大早，朱可夫与华西列夫斯基就来到斯大林的住处。他们刚刚从前线赶回来，是来向斯大林汇报反攻准备的情况的。

斯大林面带笑容。这种情况是不多见的，看来，他的情绪很好。

“当前敌我双方兵力在数量和质量方面的对比是这样的，”华西列夫斯基首先汇报说，“我军在顿河—伏尔加河地域集中的兵力有11个集团军，几个独立坦克军、机械化军和骑兵军，1.35万门火炮和迫击炮，1100挺高射机枪，115个火箭炮兵营，约900辆坦克，1115架飞机。敌人在这一地区的兵力有意大利第8集团军，罗马尼亚第3、第4集团军，德国第6集团军和坦克第4集团军。敌人的总兵力有100万以上，675辆坦克和强击火炮，1万多门火炮和迫击炮。敌我兵力的数量几乎相等，但我军的士气要大大好于敌军。”

“主要突击地段的情况怎么样？”斯大林问。

“在西南方面军和斯大林格勒方面军的突破地段上，目前仍由罗马尼亚集团军部队防守着。据俘虏供称，罗马尼亚军队总的战斗力是不高的。如果在我军转入进攻前德军统帅部不向这里调集其预备队，那么，在这些方向上我军在数量上将占很大优势。从目前情况看，我方还没发现敌人有任何调动。”

朱可夫插话说：“如果我们进攻时维持这种态势不变，那么我军有绝对把握在主要地段一举突破敌人的防御。”

斯大林点了点头，问：“部队准备的情况如何？”

朱可夫回答：“各方面军、集团军和兵团的任务都经过了演练。计划规定的西南方面军和斯大林格勒方面军突击集团部队的会合问题，已经和方面军、集团军及将要进入预定会合地区的各部队司令员、参谋部进行了周密研究。各空军集团军的准备还没有完成，大概要到 11 月 15 日才能完成主要准备工作。”

“弹药、燃料、冬服和各种物资器材，在 11 月 17 日日终前，都可以送到部队。”华西列夫斯基补充说。

朱可夫接着说：“我们经过和各方面军、集团军司令员们协商后认为，西南方面军和顿河方面军部队可在 11 月 19 日发起反攻战役，斯大林格勒方面军部队则要晚一昼夜，因为该方面军离同西南方面军会合的地点近得多，晚一昼夜才能保证两个方面军在预定地域会合。”

斯大林对他们的工作很满意，又问了几个细节问题，就对他们说：“很好。明早你们就飞回斯大林格勒，再仔细检查一下部队和指挥人员战前的准备情况。”

11 月 14 日，朱可夫到了瓦杜丁中将任司令员的西南方面军指挥部，华西列夫斯基到了叶廖缅科任司令员的斯大林格勒方面军指挥部。

11 月 15 日，朱可夫收到一封电报，电文如下：

康斯坦丁诺夫同志亲启：

费奥多罗夫和伊万诺夫迁居的日期由你酌定，以后来莫斯科时向我汇报。如果你认为他们当中的某一人应先一两天或后一两天迁居，此问题我也授权你酌定。

瓦西里耶夫

1942年11月15日13时10分

这是斯大林发给朱可夫的一封机密电报。文中“康斯坦丁诺夫”为朱可夫的化名，“费奥多罗夫”为瓦杜丁中将的化名，“伊万诺夫”为叶廖缅科的化名，“瓦西里耶夫”为斯大林的化名。电报的意思是让朱可夫自己决定西南方面军和斯大林格勒方面军转入进攻的时间。

接到斯大林的电报后，朱可夫与华西列夫斯基再次进行协商，最后确定：西南方面军和顿河方面军的第65集团军在11月19日发起进攻，斯大林格勒方面军在11月20日发起进攻。

他们将这一决定报告给斯大林后，得到了斯大林批准。

11月18日，白天下起了冻雨，夜间又下起雪来。西南方面军和顿河方面军右翼部队进入了最后的准备阶段。

反攻的战斗命令和方面军军事委员会告全体指战员书已经下达。

一班班、一排排的战士聚集在被大雪覆盖的堑壕里、掩体里，进一步明确具体任务。

战士们庄严宣誓，他们要忠实执行祖国的命令，用鲜血和生命将德国法西斯赶出斯大林格勒。

所有的战斗机、坦克都加满了油料，装满了弹药。

火炮和枪械擦得锃亮，炮弹装上了引信。

一场规模浩大的反攻就要开始了。

可是，在阵地的另一边，无论是德国人、意大利人还是罗马尼亚人，对即将发动的大规模进攻竟一无所知。

几个月来，苏军从战略后方调集了大批部队，他们沿着伏尔加河左岸，绕过荒无人烟的草原，绕过浓烟滚滚的斯大林格勒，在夜幕的掩护下，秘密集结于斯大林格勒西北和顿河中游地区。苏军的大规模集结，也曾引起德军的警觉，但德国人太自信了，他们从没有想到苏军的集结是为了进行一场足以改变斯大林格勒战局、改变苏德战场战局以至改变第二次世界大战局势的决定性进攻。他们认为，经过几个月的苦战，他们已经占领了斯大林格勒城的许多地区，苏军受到了致命的打击，苏军调动兵力只不过是为了弥补千疮百孔的防线，苏军根本没有能力进行大规模进攻，更不可能将斯大林格勒地区的德军包围起来。

古兵书早就指出："战争是充满欺骗性的领域。"战争中的虚虚实实、真真假假，常常令人陷入迷茫。德军正是陷入了这种迷茫中。但是，战争又不是不可知的，只要遵循战争指导的基本规律，保持冷静、清醒的头脑，就不应当出现根本性的判断失误。德军之所以丝毫没有觉察到苏军的进攻在即，既是因为苏军采取了一系列巧妙的战役伪装，更是因为德国人犯了战场上最忌讳的轻狂浮躁和盲目自信。因此，在 11 月 18 日夜晚，在苏军大规模进攻前夕，德国人上至元首、将军，下至普通士兵，都毫无戒备地沉睡着，第二天早上，等他们醒来时，不幸已经降临了。

五、反攻开始

1942 年 11 月 19 日，在斯大林格勒城下，苏军开始了具有重大历史意义的大反攻。

已经接近 7 点钟了，天空仍然不见放晴，地面布满浓雾。老天不作美，苏军只好放弃使用航空兵。

7 时 20 分，电话里传来"准备"的暗令。

顿时，西南方面军和顿河方面军右翼部队的三个突破地段上(总长度 28 公里)，3500 门火炮和迫击炮进入发射前的直接准备。大炮装上炮弹，炮手手中握着拉火绳。

7 时 30 分，信号弹腾空升起，各阵地传来"开火"的口令。以火箭炮"喀秋莎"的齐射，开始了战争之神的发言，一道道火光划破漫天大雾，大炮的轰鸣声打破清晨的沉寂。

这一天，是第二次世界大战史上一个伟大的日子。

天空响彻着炮弹爆炸声，火箭炮弹爆炸的火光使雾幕变成了粉红色，尘土卷着被炸毁的敌军观察所、掩体、掩蔽部的碎砖烂铁飞向天空。这是苏军炮兵部队那些久经沙场的指挥员给德军送上的“礼物”，这一天为苏联炮兵赢得了荣誉。后来，苏联将这一天定为炮兵的节日——炮兵建军纪念日。

8 时 50 分，坦克第 5 集团军和第 21 集团军各师与直接支援步兵的坦克一起发起了冲击。

苏军官兵一往直前，所向披靡。

西南方面军部队以猛烈的突击，在两个地段上同时突破了罗马尼亚第 3 集团军的防御。在这两个地段上担负突破任务的，是由罗马年科中将指挥的坦克第 5 集团军和由契斯季亚科夫少将指挥的第 21 集团军。

在苏军强大的攻势下，罗马尼亚军队开始后退，大批罗马尼亚官兵被俘。

当日，苏军西南方面军和顿河方面军的主要突击部队，前进数十公里，基本完成了战术突破，开始向敌人的战役地区进攻。

11 月 20 日，是斯大林格勒方面军转入进攻的日子。

这天清晨，斯大林格勒草原上飘着一层薄薄的透明晨雾。在芦苇和水草丛生的湖间陆地上，在高低不平的地面上，隐蔽着时刻准备投入战斗的苏军官兵。而对面的一排小高地，就是德军的阵地。

按预定计划，炮火准备应在 8 时开始，但由于浓雾使能见度不超过 200 米，而且天空开始飘起雪花，炮火准备不得不推迟。

在此之前，莫斯科曾通过高频电话询问方面军司令员叶廖缅科：“统帅部很担心，你们能准时开始吗？”

叶廖缅科回答说：“一切准备完毕，如果雾能散，进攻将按指定时间准时开始。”可是，现在大雾弥漫，只好耐心等待。

一个多小时后，浓雾终于慢慢消散。

9 时 30 分，叶廖缅科下达了 10 时开始实施炮火准备的命令。

10 时整，斯大林格勒方面军反攻的炮火打响了。

听着各种火炮发出的轰轰隆隆的巨响，叶廖缅科思绪万千。后来他在回忆此时的心情时说："很难用语言表达在进攻开始之前听见交响乐般的排炮轰击声时的感情，但其中最主要的是为祖国的强大和对胜利充满信心而感到骄傲的感情。昨天，我们还在紧咬双唇告诫自己：'决不后退一步！'而今天，祖国在命令我们前进。斯大林格勒人向往已久的事情终于实现了。进攻！这对深知撤退痛苦和在防御中经过几个月浴血奋战的人来说，没有比这更叫人高兴的事了。"

所有火器完成最后十分钟射击后，步兵兵团在部队的协同下，向敌人防御前沿猛扑了过去。

在第51集团军突破地段上，坦克和步兵借助炮弹爆炸引起的烟雾和尘土的掩护，一举突入了德军前沿阵地。

第57集团军使用两个师的兵力，突破了敌军防线。而后，突入的部队调转方向扑向西北，从北面包围德军。

第64集团军命令自己的左翼部队3个师转入进攻，并在规定地段突破了敌人防御。

之后，方面军立即将快速部队投入到突破口。机械化第13军、第4军和骑兵第4军分别从西北和西南方向奔向敌人的防御纵深之地。

16时，第57集团军的机械化第13军分成两个梯队进入突破口，并成两路纵队向前移动。这时，德军从B集团军群预备队里调来一个德军摩托化师进行拦截和阻击，苏军的进攻速度不得不降低下来。日终前，他们只前进了10～15公里，大大低于计划的前进30～40公里。

13时，第51集团军的机械化第4军，以一个梯队进入了突破口。22时，骑兵第4军紧跟机械化第4军之后也进入了突破口。在苏军进攻部队的打击下，在这一地带作战的罗马尼亚第6军被击溃。

进攻开始前，苏联西南方面军与斯大林格勒方面军所属各部队相距200公里以上，进攻开始后，他们沿各自的进军路线勇猛进击，顽强推进，以便最快地实现对敌集团的包围。

11月23日，西南方面军所属第5坦克集团军第26坦克军和第21集团军的第4坦克军，攻占了顿河东岸重要支撑点卡拉奇，并与前进到苏维埃茨基的斯大林格勒方面军第51集团军的第4机械化军会合，从而完成了对斯大林格勒附近德军集团主要兵力的合围。

被围的德军部队为第6集团军的全部和第4装甲集团军的一部，总共22个师，约33万人。

这样，三个方面军的部队都完成了他们在进攻战役中受领的主要任务。他们不仅形成了对德军集团的战役包围，而且击溃了罗马尼亚第3集团军，俘虏了5个罗马尼亚师，重创了罗马尼亚第4集团军，并消灭了敌战役预备队坦克第48军。

11月23日晚，苏军总参谋长华西列夫斯基上将到达西南方面军指挥部。他与方面军和集团军首长们共同讨论了战役情况，并同斯大林格勒方面军、顿河方面军的两位司令员进行了电话交谈。随后，他将所有情况向斯大林作了汇报，并建议：毫无疑问，希特勒匪徒企图以最大努力从外面救出被包围在斯大林格勒的部队。因而，必须尽快地歼灭敌被围集团，在解决这项任务前，应该及时地组建对外正面部队，以此孤立敌被围集团。在合围的对内正面上的3个方面军的部队应从第二天早上，即11月24日，继续开展歼灭敌被围集团的战斗。

斯大林批准了华西列夫斯基的建议。

11月24日，顿河方面军和斯大林格勒方面军向被围在斯大林格勒附近的德军集团展开进攻。

与此同时，苏军开始调整部署，加强防御对外正面上的兵力。

从11月24日到30日，苏军航空兵在斯大林格勒地域共出动飞机近6000架次，平均每昼夜800余架次，比德军航空兵出动架次多4倍，并取得了制空权。

到11月30日日终前，德军被压缩至东西约40公里、南北30～40公里的地域内。

但是，德军的抵抗是极其顽强的，而苏军的进攻由于准备不够充分和兵力不足，收效不太明显。因此，苏军最高统帅部命令合围对内正面的部队暂停进攻，着手进行下一步的充分准备。

六、偏执的希特勒

苏军在斯大林格勒地区的反攻，使德国将军们大吃一惊。

他们感到这是一个不祥的预兆！

11 月 19 日 22 时，德 B 集团军群司令冯·魏克斯男爵才发出命令：

“鉴于罗马尼亚第 3 集团军正面出现的局势，迫使我们采取坚决的措施，以便迅速腾出兵力来掩护第 6 集团军的侧翼，并保证利哈亚（卡缅斯克—沙赫京斯基以南）、奇尔河地段铁路沿线的安全（集团军靠它进行补给）。为此，我命令：

> 1. 立即停止在斯大林格勒的一切进攻作战，各侦察分队的行动除外，这些分队的情报对于组织防御是必不可少的。
>
> 2. 第 6 集团军立即从所属编队中抽出 2 个摩托化兵团、1 个步兵师，并尽可能再抽出 1 个辅助摩托化兵团，将这些部队归属坦克第 14 军司令部；此外，还要抽出尽可能多的反坦克武器，并将这些部队梯次集结在你部左翼，以便向西北或向西实施突击。

保卢斯接到了冯·魏克斯的命令，但直到第 2 天中午，仍没察觉即将到来的这场灾难会有多大。

保卢斯没有来得及撤销他 11 月 20 日下达的进攻命令。他还在进攻！

11 月 20 日下午，保卢斯才在司令部会议上第一次谈到局势的危险性。他警告说，可能会出现危机局面。他仍沉得住气，但德国的将军们却陷入一片混乱中。由于通信联络中断，直到当天黄昏，保卢斯才接到关于罗马尼亚军队和德军预备队被全歼的通报。保卢斯立即转移了指挥所。

保卢斯在尝到苏军打击的威力之后，已开始意识到这场灾难的严重程度，但在遥远的德国大本营里，希特勒还陶醉在他那不可战胜的梦幻中。

11 月 21 日，希特勒下达命令，成立了一个新的“顿河集团军群”，由曼施坦因担任总司令，负责协调对斯大林格勒两侧地区德军的指挥。

保卢斯开始慌了，苏军此时还未完成合围，如果此时突围还有机会，他在 11 月 22 日 18 时向 B 集团军群司令部发电：

> 集团军已被合围……燃料储备即将耗尽，坦克和重型武器将无法开动，弹药已发生危机，粮食只能维持 6 天。

保卢斯在叙述第 6 集团军所处的困境的同时，请求在决定是否留在斯大林格勒的问题上，给予自主权。

希特勒对保卢斯的这一个企图立即做出反应。他回答说：“第 6 集团军就地占领环形防御，等待从外面进行解围。”

11 月 23 日，苏军对德斯大林格勒集团军的合围已经完成。当日 18 时 45 分，德军 B 集团军群司令魏克斯上将给希特勒发电：“如果第 6 集团军能在西南方向突围，将对整个局势产生有利影响。”

看到魏克斯的电报，希特勒极为恼火，他不能容忍他的高级将领在这时候有撤退的想法，他立即下达了一个命令：

“兹令陆军元帅曼施坦因立即接管有待新建的包括斯大林格勒地区在内的顿河集团军群。”就这样，魏克斯被免职了。

在德军的将领中，最坚持从斯大林格勒撤军的要数蔡茨勒了。

为了说服希特勒，他不厌其烦地去向希特勒建议，甚至好几次与希特勒争吵了起来。但是，希特勒每次总能找出他的理由反对撤军。

11 月 24 日，蔡茨勒又一次来到希特勒的住处，阐述必须撤军的主张。他说："元首，请您批准第 6 集团军突围，西进与德军主力会合……"

"局势不会像你所想象的那样发展"，希特勒打断了他的话，眼睛闪耀着光芒，嗓门也提高了，他想用自己的热情来激励蔡茨勒，似乎希望他赞成自己这个计划，"由于从高加索调来的装甲师发起攻击以及使用新的'虎'式重型坦克，局势将发生根本改变。这是一种新理论，而且是颇为典型的一种理论。第一批'虎'式坦克刚出厂，我要把第一批这种重型坦克编成一营投入战斗，这个营能突破俄军的包围。"

蔡茨勒不以为然，固执己见地说："'虎'式坦克的样品性能良好，我们可指望这种坦克起很大作用，这是千真万确的。但是我们还不清楚这种坦克能否适应俄国冬天的寒冷条件，而且它们还没有受过战火的考验。到目前为止，所有的新武器在第一次用于实战时都会出现一些预想不到的缺陷，而要消除这些缺陷，总是要费很多工夫，因此我们不能设想，'虎'式坦克从一开始就会百分之百的完美无缺。此外，数量上也还不够，孤零零的一个营可以突破俄军防线和第 6 集团军建立联系，但是它决不可能打开一条通道。而且，我们要记住，当新坦克投入战斗时，我军主力离开斯大林格勒守军会比今天远得多，即使能够马上用新坦克发动进攻也由于要通过的距离过大，使这一行动会更加困难，效果如何，也更值得怀疑。由于拟议中的援救第 6 集团军的行动没有取得成功的可能，所以您必须命令该集团军边战边撤。这道命令必须立刻下达，因为最后时刻已经来到。"

他发言时，希特勒越来越怒不可遏，他常常想打断对方的话，但都没有成功。最后，蔡茨勒的话说完时，希特勒咆哮道：

"第 6 集团军不能撤。该集团军是堡垒守备部队，堡垒守备部队的任务就是要经得起围困。如果必要，他们要坚守整个冬天。到春季再发动攻势把他们救出来。"

蔡茨勒毫不退让，说道："斯大林格勒不是堡垒，而且没有办法对第6集团军进行补给。"

希特勒的火气更大了，嗓门也比什么时候都大，他叫嚷说："戈林元帅说过，他可以通过空运把补给物资运给第6集团军。"

"那是废话。"

"我决不离开伏尔加！"

"我的元首！把第6集团军抛弃在斯大林格勒，这是犯罪行为。这意味着25万人死亡或当俘虏，想把他们救出来是不可能的，损失一个大集团军就等于打断了我们东线的脊梁骨。"

希特勒脸色苍白，但是一句话也不说。他冷冰冰地瞧了蔡茨勒一眼，然后按下办公桌上的铃，当勤务军官来到时，他说："把凯特尔陆军元帅和约德尔将军叫来。"

很快，凯特尔和约德尔到了，都郑重其事地行了军礼。希特勒仍然站着，表情严峻。他脸色仍很苍白，但外表仍然显得很镇静。他说："我必须做出一个重大的决定，但是，我想先听听你们的意见。我应不应该撤出斯大林格勒？你们有什么看法？"

凯特尔立正站着，眼光明亮。他说："我的元首，不要离开伏尔加。"

约德尔显得文质彬彬，他字斟句酌地说："我的元首，现在您要做出的决定的确是一个严重的决定。如果我们从伏尔加河撤退，那就等于放弃我们在夏季攻势中付出了巨大代价才得到的大部分成果。但另一方面，如果我们不撤退第6集团军，该集团军的处境会越来越严重。拟议中的解救该集团军的作战行动可能成功，也可能失败。在我们看到这些作战行动的结果之前，我的意见是坚守伏尔加河。"

希特勒转向蔡茨勒说："你的意见呢？"

蔡茨勒极其正式地立正说道："我的元首，我的意见没有变，让第6集团军留在原地将是犯罪行为。我们既不能解救该集团军，也无法使他们得到补给。如果这样做，无非是牺牲这个集团军就是了，而且是无谓的牺牲。"

希特勒尽管已是怒气冲冲，但表面上仍保持着镇静。

“将军，你注意到这不光是我一个人的想法。这两位军官也同意我的意见，而他们都是你的上级，因此我坚持我已做出的决定。”

第二天，蔡茨勒又去找希特勒。他说：“元首，在仔细地研究了事实之后，不可回避的结论是：不可能通过空运使第6集团军获得补给物资。”

希特勒的态度变得冷冰冰的，说道：“帝国元帅戈林向我保证说这是可能的。”

蔡茨勒再次说明这是不可能的。于是希特勒说：“好吧，他会亲自同你讲的。”

希特勒把德国空军总司令戈林找来，并问道：“戈林，您能通过空运使第6集团军不断得到补给物资吗？”

戈林举起右臂，郑重而自信地说：“我的元首，我向你保证，德国空军能使第6集团军不断得到补给物资。”

希特勒得意洋洋地瞧了瞧蔡茨勒，但蔡茨勒仍然坚持说：“德国空军肯定办不到。”

戈林有点沉不住气了，但又不便发作，只好沉着脸说道：“你没有资格在这个问题上发表意见。”

蔡茨勒朝着希特勒问道：“我的元首，我能向帝国元帅提个问题吗？”

“可以。”

蔡茨勒说：“帝国元帅先生，您知道每天需要空运多少吨东西吗？”

这个问题显然使戈林感到难堪，于是他皱着眉头说：“我不知道，但是我的参谋军官知道。”

蔡茨勒终于识破了对方的谎言，慢条斯理地说：

“把第6集团军现有的储存物资算在内，假设只提供绝对必要的最低限额的物资，同时还假设采取了一切可能的紧急措施，第6集团军每天需要300吨的物资。去年冬天我在前线已亲自了解到，并非每天都适宜飞行，因此这就意味着如果要保证他们平均每日都能得到不能再减少的最低限额的物资，每个飞行日必须向第6集团军运送500吨左右的东西。”

戈林问答说：“我能办到。”

这时蔡茨勒发火了，大声说道：“我的元帅，这是撒谎。”

突然一阵沉默，气氛十分紧张。戈林的脸都气白了，困惑而又有些惊异地瞪着蔡茨勒。最后希特勒说：“帝国元帅已向我作了汇报。我只能相信他的报告，坚持我原来的决定。”

蔡茨勒说：“我想再提一个要求。”

希特勒说：“什么要求？”

“我能不能每天向您提交一份报告，列举每天应当向第6集团军空运补给物资的确切吨数？”

戈林不同意，说这事与蔡茨勒无关，但希特勒否决了戈林的意见，于是蔡茨勒获准每天向希特勒提交一份报告。

第六篇
无力回天

在众多德军军官中，没有几人像曼施坦因那样受到上下一致的称赞。战争初期，希特勒把一批不听话的指挥官清洗掉了，留在他身边的将领有的拜倒在独裁者人格的迷惑力下，有的则溜须拍马，迎合元首说话，而那些战地指挥官，则习惯通过电话加强与元首的联系。曼施坦因从不这样做，他平时沉默寡言，不爱冲动，在元首面前，也不会慑于其淫威不敢亮出自己的观点。

一、忧心忡忡的曼施坦因

1942年11月21日，曼施坦因在中央集团军群的费特布斯克地区，接到了陆军总部关于组建顿河集团军群的正式命令，命令的内容大致如下：

第11集团军司令官曼施坦因元帅：

> 为了使正在斯大林格勒西方和南方从事于激烈防御战斗的各集团军，能有比较严密的协调，从即日起，陆军总司令特命第11集团军司令部升格为顿河集团军群总司令部，曼施坦因元帅任顿河集团军群总司令之职，并指挥德军第4装甲集团军、第6集团军和罗马尼亚第3集团军。原B集团军群芬克上校领导的后勤机关负责对顿河集团军群除空运之外的补给。顿河集团军群的当前任务，就是使苏军的攻势停顿，并夺回原已失去的阵地。
>
> 德国陆军总司令阿道夫·希特勒
>
> 1942年11月21日

曼施坦因元帅在德军中享有传奇般的声誉。早年他为征服法国制订的“曼施坦因计划”使他一举成名，而在东线战场上，他又成了实施包围战的专家。1942年初夏攻占克里木的战功，使他获得了元帅军衔，同样也得到希特勒格外的尊重。

在众多德军军官中，没有几人像曼施坦因那样受到上下一致的称赞。战争初期，希特勒把一批不听话的指挥官清洗掉了，留在他身边的将领有的拜倒在独裁者人格的迷惑力下，有的则溜须拍马，迎合元首说话，而那些战地指挥官，则习惯通过电话加强与元首的联系。曼施坦因从不这样做，他平时沉默寡言，不爱冲动，在元首面前，也不会慑于其淫威不敢亮出自己的观点。相反，希特勒对他却是热情有加，每次在召见他时，总是十分礼貌地握手致意，对他的意见也格外重视。而每当战局紧张时，曼施坦因也总是成为考虑解决难题的首要人选。

当斯大林格勒战局出现危机时，希特勒十分自然地想到了曼施坦因。

曼施坦因对于出任顿河集团军群总司令，也是有所顾虑的。他对希特勒所谓的军事才能，是十分了解的。希特勒对作战问题通常是有一套的。他具有惊人的记忆力和想象力，对一切现代技术和军备能迅速地了解。他对敌人的最新兵器十分熟悉，对于敌我双方的战时生产数字，能够整套地背诵出来。每逢与人谈到他不喜欢的问题时，他就会把这一套法宝请出来当作抵制对方的工具。在他滔滔不绝的背诵下，即使是一个专业的地区性军事指挥官也会无言以对，只好屈服于他的意志。

但由于希特勒过分地自信于他对现代武器装备的了解，所以经常自以为是地干涉德国武器装备的发展，如对原子武器和火箭推进的发展都受到了他的干涉。希特勒对于德国技术资源的重要性估计过高，甚至在某种需要大量部队帮助方能有成功希望的事，他却相信少数的迫击炮和新式的“虎”型坦克即足以应付。换言之，他缺少的就是以经验为基础的军事能力，这是他的“直觉”所不能代替的。

希特勒对于新成立的顿河集团军群的战争指导也是如此。他从集团军和下属集团军的报告中，对于前线上的情况是有清楚的了解的。此外他还经常召见刚从前线回来的军官，所以他不仅明白德军前线部队取得的成就，而且也知道这些一线部队的难处。也许是这个原因，使得希特勒从不接受曼施坦因的劝说，去接近最前线。

曼施坦因曾经几次努力想使希特勒到前线来亲眼看一看，但这些努力都白费了。即使是请希特勒来集团军总部，都已经是相当勉强了，哪怕是再向前走一步，到集团军和军一级单位，也是不可能的。他可能是害怕在前线上的所见所闻，会打破他的黄粱美梦。

尽管曼施坦因对重任在肩顾虑重重，但他接到命令后并不敢怠慢，带上在第11集团军的老作战处长布西上校一路风尘赶赴前线。在路上险遭不测：苏联红军游击队埋设的一颗地雷，在他们所乘坐的火车下面爆炸。所幸的是，这列装甲列车的钢甲甚厚，没有造成人员伤亡，只是虚惊了一场。

当日，曼施坦因到达了设在斯塔罗比尔斯克的德军B集团军群总部。B集团军群总司令魏克斯上将和参谋长热情接待了曼施坦因一行，并向他们详细介绍了当前的情况。

原来在5天之前，也就是在11月19日，经过一阵巨炮掩护射击之后，苏联红军攻击了德军第6集团军所属第11军的左翼，同时苏军还对霍斯上将率领的德军第4装甲集团军发动了一次强烈的攻击。德军第6集团军两面的罗马尼亚军队都为苏军所击溃。

到目前为止，苏军已经切断了对德军第6集团军补给起决定性作用的顿河上的桥梁。从11月21日上午起，德军第6集团军已处在被苏联红军合围的状态。同时，霍斯上将的第4装甲集团军中的一部分德军和罗马尼亚军队，也从南面被挤入对第6集团军的包围圈中。

在斯大林格勒被包围的德军中，包括5个德国军共22个师，2个罗马尼亚军，还有大量的陆军炮兵和工兵。对于被围德军的确切总数，第6集团军报告说有20～27万人。考虑到其中还有部分罗马尼亚人员和本地的志愿人员、战俘，曼施坦因判断包围圈中的德军不会超过22万人。

被围的德军第6集团军包括第4、第8、第11和第51共4个军和第14装甲军。第48装甲军在苏军合围点附近的顿河桥头阵地充任预备队，在苏军合围时，曾经发动了一次反攻，但并没有成功。其2个师也都被包围，正奉命向西突围。军长赫曼将军已被希特勒撤职查办。

按照B集团军群司令部的判断，被围困在斯大林格勒的德军第6集团军，最多只有2天的弹药和6天的口粮，空运的数量只能满足该集团军弹药和燃料要求的1/10——德国空军已经许诺用100架“容克”式飞机执行空运，每天约有200吨数量的补给送入包围圈。

22日中午，在德第6集团军举行的会议上，有人建议向西南方向突围。

“不行，”参谋长施密特说，“燃料不够，如强行突围，结果必然是拿破仑遭遇的浩劫。我们不得不打‘刺猬’防御战。”

下午，由于情况严重恶化，施密特对自己的论点开始产生怀疑。就在此时，保卢斯收到了新的命令：就地坚持、待命。

保卢斯转身对参谋长说：“现在我们有时间去考虑怎么办了，你们分头考虑吧，1小时后再来见我，看两人的结论是否相同。”1小时后的结论是一模一样的：朝西南方向突围。

二、“指环”作战

此时，希特勒正在返回大本营途中。撤退，这是他无法考虑的。当晚，他以私人的名义致电保卢斯：“第6集团军必须明白，本人正在尽力援助你，等待解围。我将迅速发布命令。”

保卢斯接到希特勒的电报后，脑子里转着许多念头。苏军开始动手了，对这一招他早有预料。当元首决定部队在斯大林格勒组织环形防御时，他就明白将有一场血战、恶战。幸亏部队情绪稳定，他们相信元首一定会来救他们。

德国第6集团军几十万人占据着1500平方公里的地盘，内有大量构筑完好的工事，明碉暗堡形成密集的火力网。阵地前沿还有阻挡坦克的桩寨、障碍物及大片的雷区。

保卢斯看看地图，一丝自信的微笑浮上了他的嘴角。他转身对施密特说：“命令各部队坚守阵地，惊慌失措者按军法处置。”

斯大林以万分欣喜的心情注视着苏联3个方面军南北夹击，在卡拉奇胜利会师，将德国第6集团军合围起来。从19日反攻至今，短短5个昼夜，战场上的变化，都是按照苏方大本营的设想进行的。如此大规模的战役，进程竟与计划完全一致，这不能不说是军事史上的奇迹。

23日，当合围成功的消息传来，大本营里充满欢乐，人人脸上堆满笑容。

这也是斯大林渴盼已久的。斯大林发现这次胜利进攻，已影响了全国战局。它不仅消除了斯大林格勒方面军和顿河方面军防区的缺口，崔可夫集团军已转危为安，而且减轻了全国其他战线苏军的压力。更重要的是人们心头那种焦虑不安、被包围的感觉消失了，相反，现在轮到德国人品尝被包围的滋味了，眼下一定要乘胜追击，扩大战果。

正在西南方面军指挥作战的华西列夫斯基，既为苏军进攻顺利而踌躇满志，同时也在策划着下一步的作战方案。

23日晚上，他在听取了3个方面军司令员的意见后，通过电话向最高统帅部汇报：

“德国人在斯大林格勒的防线已经溃散了，但希特勒一旦清醒过来，必定派重兵不惜一切代价救援被围敌军。我们建议早打、快打、打速决战，赶在敌人援兵到来前消灭被围德军。”

电话另一端的斯大林赞同华西列夫斯基的判断，提醒道：

> 我们已经胜利在望，但还没有取得最后胜利。告诉参战全体官兵，再加一把劲，胜利结束会战。眼下，你们要保持冷静头脑，在围歼保卢斯时，要防止德军派兵救援，还要利用有利形势扩大战果，组织沃罗涅日方面军和西南方面军在顿河中游发动一次进攻，不让德军有喘息时机。

两人在电话中经过长时间讨论，终于定下了下一步作战计划。苏军的作战计划兵分两路，一路主要由斯大林格勒方面军和顿河方面军承担，围歼被围德军，兵力安排是：顿河方面军第24、65、66集团军从北面突击；斯大林格勒方面军第62、54、57集团军从东面和南面突击。西南方面军第21集团军由西向东挺进，三路人马以德军第6集团军指挥部所在地为中心，实施向心突击，将保卢斯军队分割、围歼。

这次战役代号为“指环”。为了保障战役实施，在合围对外正面上，布置西南方面军近卫第1集团军、坦克第5集团军在克里瓦亚和乔尔河沿岸设防，从西南方向堵住德军退路；斯大林格勒方面军近卫骑兵第4军和第51集团军防守在南面格罗莫斯拉夫卡—阿克萨伊—乌曼采沃一线。

另一路筹备“土星”作战，由西南方面军和沃罗涅日方面军从南面和西面向意大利第8集团军和德国霍利特部队发起进攻，尔后向罗斯托夫进军。这次战役预计在12月中旬展开。

24日午夜，华西列夫斯基向西南方面军、顿河方面军、斯大林格勒方面军发出了进行“指环”作战的动员令。几个小时后，在被围德军的四面八方升起了进攻的红色信号弹，顿时，在顿河和斯大林格勒南郊炮声隆隆，杀声四起，斯大林格勒会战掀开了它最为辉煌的一页。

各方面军所属部队开始按照既定部署向合围圈内的敌军发起攻势。然而，这次攻势未达到预期目的，相反在各个方向都遭到了强大敌军集群的反冲击。

原来，根据最新的敌情分析，苏军前线总指挥机关才知道，他们对敌兵力的估计出现了严重差错：当初，他们认为保卢斯指挥的集群只有8.5~9万人，可是实际却有20多万人。所差之多，实在令人为之咋舌。之所以造成如此严重的误差，是因为他们没有把敌第6集团军和坦克第4集团军在进攻和防御中补充得到的兵力算进去，也未估计到合围圈内大量的特种部队和其他辅助部队，这些部队的官兵多数补进了作战部队。

三、深陷重围

11 月 26 日，曼施坦因的顿河集团军群司令部搬到了设在新齐尔卡斯克的新总部。在这个地区周围，已经不再有能调用的德军部队担任集团军群司令部的警卫工作，曼施坦因只好命令征用当地的一些哥萨克志愿部队。这些哥萨克兵，是苏联红军中的败类，他们对苏联的布尔什维克制度有着刻骨的仇恨，乐于为德国人所用。他们甚至恬不知耻地认为，能为德军一个集团军群司令部站岗是他们的荣誉。

在新齐尔卡斯克安营扎寨的第 2 天夜间，通信兵就把蜘蛛网般的通信网架设完毕，顿河集团军群司令部的主要通信网已经能开始工作了。

就在曼施坦因到达集团军群司令部新址的第一天，斯大林格勒包围圈内的德军第 6 集团军司令保卢斯将军，派了一位军官乘飞机从包围圈中飞出来，带了一封信给他的新上级曼施坦因元帅。

在这封冗长的信中，保卢斯详细介绍了包围圈内德军的兵力部署情况，描述了德军由于供给不继，士兵们无衣无食的惨状。最后他强调说，他要求应有在紧急情况中行动的自由，因为向西南部立即实施突围的机会也许随时都可能发生。

为了了解包围圈中德军的补给情况，曼施坦因又命传令兵叫来另一个名叫皮克尔特的空军将军。他专门负责从空中对第 6 集团军补给，也是刚刚从包围圈中飞出来。

皮克尔特将军眼窝深陷，满脸倦容，一走进曼施坦因指挥部就告诉曼施坦因元帅：

“总司令官阁下，实不相瞒，斯大林格勒包围圈中的情况，比您想象到的还要糟糕。保卢斯将军的第6集团军的口粮已经无多，即使是不按足额配发时，也只可维持12天左右。请考虑一下天气越来越冷的因素，士兵们吃不饱饭会是什么样子。”皮克尔特将军的声音有些哽咽。

曼施坦因脸色越发显得阴沉。隔了一会儿，皮克尔特缓过劲来，又接着说：“另外，包围圈中的德军部队，弹药的储存量只有正常时的20%，在一天的激烈战斗中就可能用完。燃料也只能供小型部队调动之用，而不能集中用于坦克的突围之用。”

这确实出乎曼施坦因的预料，戈林不是在元首面前保证，德国空军能充足地保证被围部队所需吗？

基于这种情况，曼施坦因决定立即接应第6集团军突围，不再等候救援部队完全到齐。为了说服保卢斯，曼施坦因决定自己亲自飞入包围圈中，与保卢斯讨论突围的问题。

顿河集团军群的参谋长夏尔兹将军和作战处长布西上校都了解此刻司令官焦急的心情，但又都不同意曼施坦因亲自出马。这样做固然便于说服保卢斯，但身为集团军总司令身陷险地，总是不妥，况且整个集团军也不能离开总司令那么长的一段时间。照当时的天气来看，曼施坦因如果飞入斯大林格勒包围圈中去，可能要在包围圈中停留两三日之久。

参谋长和作战处长的理由说服了曼施坦因，于是曼施坦因不再坚持自己亲自去，只委派了他的参谋长夏尔兹将军，后来又派作战处长布西上校，带着集团军刚刚制订好的解围计划，飞进包围圈中去见保卢斯。这个突围计划还须得到第6集团军的通力配合，尤其是具体时间、地点的选定，保卢斯的意见有着举足轻重的意义。

两人飞进包围圈中，会见了保卢斯将军。保卢斯谈了自己的看法。他说，在以下两种情况下，被围困的第6集团军必须突围，其一是苏军多处突破，德军防御团不能再支撑了，其二是被围部队的实力已经逐渐被消耗殆尽，无法再坚持下去。现在看来还没有到那种非突围不可的两种境地。

两人毫无所获，回到了集团军总部。曼施坦因听了两人的汇报之后，大骂保卢斯糊涂！如果真是在上述两种情况下突围，就太被动了，那简直无异于自杀！到了他所设定的两种情况，德军恐怕根本就没有力量再突围了，等待保卢斯的结果都只能是一个，那就是被苏军歼灭！

11月28日，作战处长向曼施坦因报告，在新成立的顿河集团军群的作战地区内，已经发现了苏军143个师和装甲旅的作战单位。看来苏军的胃口不小，想吃掉斯大林格勒包围圈内的几十万德军。

而此时，曼施坦因指挥下的顿河集团军群兵力，从书面的编制表上，有如下单位：

德军第6集团军，司令保卢斯将军，已经在斯大林格勒被围，总计有20个非常疲惫的德国师和2个罗马尼亚师。

德军第4装甲集团军，司令官霍特将军，其一部分兵力也被挤进了斯大林格勒的包围圈，只能待重新补充兵力之后，才能使用。

2个罗马尼亚集团军的残部，一部分溃散，一部分被包围，还残留一些军和集团军的建制。

曼施坦因所拥有的最好的兵力是德军第16摩托化师，迄今尚未与苏军正面接触。这个师担任掩护A集团军群的任务，不能移动。另外还有4个完整的罗马尼亚师。

德军第6集团军的地位比较特殊，它名义上是属于顿河集团军群指挥，实际上一直受陆军总部和希特勒的直接控制。希特勒在第6集团军司令部中还设立了一个联络组，用以对第6集团军直接的控制。

因此，在被围初期，第6集团军突围尚有一线机会的时候，希特勒就已经得知突围的意图，于是就明确下令不准突围。由于元首已经明令不许第6集团军突围，第6集团军的直接指挥者——集团军群这一级，也就不能再命令其突围。

曼施坦因本来可以不接受对第6集团军这个名义上的指挥权，但考虑到更便于被围部队和援军的合作，所以才接受了有名无实的对第6集团军的指挥权。

经过与顿河集团军群作战参谋人员对斯大林格勒双方态势的分析，曼施坦因通过电话将自己的意见告诉了陆军总参谋长：

> 目前为止，第6集团军仍然有向西南突围的可能，由于弹药和燃料的缺乏，加之补给的困难，该集团军不宜再死守在斯大林格勒。但在目前营救突围的德军部队尚未完全到位的情况下，似不宜即刻突围。突围行动最好等到援军赶到再实施。
>
> 根据现行的军队移动速度，发动营救作战的时机似应选在1942年12月初为宜。在救援作战发起之前，对包围圈内的第6集团军充足的空运补给是必不可少的，其数量至少应该比目前多一倍，应达到每天400吨的数量。这400吨还只是对车辆所需燃料和弹药的补给，其中并不包括食品，待食品用完之后，基本最低量应达到550吨。

很快，德国陆军总部给顿河集团军群司令部下达了一个关于营救第6集团军的计划，这个计划的核心就是准备用霍特上将的第4装甲集团军，杀进重围，执行救援的主要任务。第4装甲集团军将得到从德军A集团军群调来的第57装甲军（下辖第6、第23两个装甲师）和第15空军野战师的补充。这些兵力预定在12月3日到达。

另外霍特在罗马尼亚第3集团军中，成立了一个新的救援兵团，叫作何立德兵团，下辖第62、第294、第336共3个步兵师，主力为德军第8装甲军，军长为克罗贝尔斯多夫将军，下辖第11、第22两个装甲师和1个步兵师；另外还有德军第3山地师、第7和第8空军野战师，这个兵团将于12月5日完成准备工作。

这样，营救被围困德军所用的兵力总额为4个装甲师、4个步兵师、1个山地师和3个空军野战师。

但是，曼施坦因认为，这一计划未必能奏效。他又给希特勒本人送去了一个报告，指出包围第6集团军的苏军单位有143个之多，并详细说明了第6集团军因缺乏油料和弹药而失去其机动性的可怕后果。

曼施坦因主张，不必等全体援军到达，第4装甲集团军应先采取行动，只要能在苏军的包围圈中切开一条走廊来补充第6集团军的燃料与弹药，以恢复第6集团军的机动性，便可里应外合，冲出包围圈。

曼施坦因在报告中特别提醒元首希特勒，当苏联红军沿着几百公里的正面充分享有行动自由的时候，而德军只把兵力钉死在一个极其狭小的地区，这是非常不可取的，应该赋予第6集团军的行动自由，而不必令其死守斯大林格勒。

希特勒对曼施坦因的这个报告迟迟不作答复，而陆军总部答应给的援军又迟迟不到，预定加入第57装甲军的第15空军野战师至今没有到位，指定由A集团军群提供的炮兵，除了一个炮兵团以外，其余毫无消息。拨给何立德兵团的几个师中，2个步兵师早已经用在罗马尼亚第3集团军的防线上，如果把这2个师放出，罗马尼亚第1军和第2军的防御正面马上就有崩溃的危险。

更使曼施坦因气恼的是，原本预定拨给顿河集团军群的德军第3山地师，一下火车，其中的一半就被陆军总部交给A集团军群使用，另一半留在了中央集团军群。实际上，在陆军总部计划中的2支援军，只有第57装甲军（辖2个装甲师）和第8装甲军（2个装甲师和1个步兵师）能用。

时间不等人，12月1日，曼施坦因于顿河集团军群司令部下达了代号为“冬季风暴”的作战命令，决定在12月8日以后，开始救援行动。

四、“风暴”袭来

12日凌晨，顿河集团军群总司令曼施坦因元帅向霍特将军下达了进攻命令：

“沿季霍烈沃克—斯大林格勒铁路一狭窄地段实施突击，一周之内突破苏军合围。”

酝酿多时的“冬季风暴”作战终于打响了。

霍特集团军群在一阵猛烈炮火之后，对坚守着科捷利尼沃至斯大林格勒铁路线的苏步兵第302师、第126师发起进攻。耀武扬威的坦克轰轰震颤着从三面围追过来，坦克后的士兵一步步向前冲，头上飞机呼啸着，大炮轰鸣着，战火仿佛把时间缩短了。

当夕阳的余晖溅落在战壕上时，那迸射的红光犹如浸漫着苏军战士的鲜血，红得令人心颤。呛人的硝烟在那个冬日似乎凝固了，呈现一种悲壮惨烈的气氛。

那一天，德军突破了苏军前沿阵地，进至阿克赛河南岸。总参谋长华西列夫斯基上将在德军进攻开始后，就穿梭般地来往于方面军指挥所和各师前沿。事前他和叶廖缅科虽然对德军进攻科捷利尼沃有些预感，但对德军进攻规模和投入兵力之多仍感到吃惊。这一带主要由苏第51集团军把守，约3.4万人，坦克77辆，火炮147门，而德军兵力和火炮都高出一倍以上，约7.6万人，500辆坦克，340门大炮，空中还拥有大批德机支援。

华西列夫斯基从前沿回来，心情沮丧，显然由于兵力单薄，弹药不足，第51集团军已处在危急之中。经过与叶廖缅科协商，他决定设法将方面军预备队派往前线，抽调一个师、一个旅前往增援。

第2天，德军依然保持凶猛的进攻势头，增援的部队如杯水车薪无法阻挡德军进攻。黄昏时分，德军坦克出现在阿克赛河的登陆场，并向上库姆斯基进发。

起初，最高统帅斯大林对科捷利尼沃的战斗并不在意，他把全部注意力投入到“土星”作战的筹备和对保卢斯集团军的围歼上。顿河方面军近卫第2集团军已将保卢斯几个疲惫之师围困住了，不出几天就可以消灭它们。所以，当12日午夜，华西列夫斯基向他汇报战况，并提出要迅速调集部队增援时，他不同意把近卫第2集团军抽走：“你查一下斯大林格勒方面军还有没有预备队，能否靠自己对付这场危机？”

“方面军已山穷水尽，再不增援，苏军合围圈将被突破。”

显然，斯大林不相信事态已如此严重，直到第2天他才着急起来。14 日 22 时 30 分，华西列夫斯基接到最高统帅命令，“指环”战役暂缓实施，近卫第 2 集团军前往增援。

电话中，斯大林担忧地说：“近卫第 2 集团军到达叶廖缅科处尚需 4 天至 5 天路程，告诉叶廖缅科，拿出守卫斯大林格勒的劲头，在援兵到来前一定要顶住德军进攻。”

同一时刻，腊斯登堡，希特勒大本营。

这些天“狼穴”里出现了欢乐情绪。进攻前一晚，希特勒十分担忧曼施坦因兵力不足，原先设想救援行动两路出击，从科捷利尼沃和奇尔河登陆场同时进攻。不料斯大林在奇尔河一带集结重兵，把霍利特集群拖住了。枪未打响，两路突击已成一路独进，使希特勒有一种不祥预感。

数小时后，陆军总参谋长蔡茨勒将军带来了好消息：“曼施坦因已顺利抵达阿克赛河，苏军力量已被大大削弱。”

连日来笼罩着“狼穴”的沮丧不安情绪一扫而空，大家纷纷赞扬元首英明决断，认为斯大林格勒将是第 2 个哈尔科夫，形势很快会发生逆转。

蔡茨勒仍然有些悲观，他对希特勒说：“曼施坦因的进攻几天后会停顿下来，因为兵力太少了，总共只有 9 万多人，一旦苏军援兵到达，仗就难打啦。”

希特勒表示同意，不过他更担心顿河中游意大利集团军的防线，“那里是最危险的，同盟军力量单薄，又缺少纵深防御，不过无论多么困难，我决不放弃斯大林格勒。”

希特勒又开始歇斯底里叫嚣一通。当讨论结束时，希特勒颇有预感地说：“现在就看往后的几天了，如果我们从欧洲抽调援兵及时赶到，意大利军队的防线也不出纰漏，我们就打赢了这场战争。”

从 14 日起，上库姆斯基的战斗异常激烈。这里是由南向北通往斯大林格勒的咽喉，也成为双方争夺的焦点。迎战德军的是沃尔斯基将军的机械化第 4 军，战斗持续了 3 天，后被德国历史学家称为“第二次世界大战坦克会战规模最大和最激烈的一次”。

16 日，德军占领了上库姆斯基。德坦克第 16 师立即向梅什科

■ 战斗之后的街道

瓦河冲击，德军在行进间夺占了沿途桥梁，距被围的保卢斯集团军只剩 48 公里了。

形势到了千钧一发的时刻。

霍特的部队在白雪覆盖的大地上稳步向前推进，积雪下面的大地冻得僵硬，对这支装甲部队来说，一切似乎都很顺利。突破了上库姆斯基后，一路上除了遭到小股苏骑兵部队骚扰外，还未遇上重大威胁。这支钢铁巨流昼夜不停向前驱驰，它的后面尾随着一支由各种车辆组成的行动迟缓的运输车队，车上装着 3000 吨被围的第 6 集团军急需的物资。一旦霍特装甲车队冲开一条血路，身后的车队就全速驶入斯大林格勒。到那时，经过输血的第 6 集团军就会发疯似的冲出重围，消失在顿河茫茫的草原上。

此时，曼施坦因脑海里已不止一次出现与第 6 集团军会师的情景。他在战后的回忆录里，把这次救援行动称为与苏军的生死竞赛。尽管曼施坦因全力以赴地投入了这场生死竞赛中，但是这场竞赛的主动权仍掌握在苏方手中。斯大林这时下了一招高明的棋，使

■ 德军抛弃的火炮

曼施坦因连日来的努力都白白断送了。

战后苏联学者曾长篇宏论探析斯大林这一招棋，连他的对手德国人也赞扬这是“致命的一招”，具有“深刻的战略洞察力”。

斯大林在德国霍特集团军长驱直入时，决定动用重兵攻打顿河中游的意大利军队，进而威胁霍特集团军后方。

13 日夜间，斯大林做出一项重要决定，修改了“土星”作战计划，将原突击方向改为东南，指示苏军在击溃了意大利集团军后，将锋芒指向曼施坦因，抄其后路，并全歼之。这次作战代号为“小土星”。

16 日，苏军第 6 集团军和近卫第 1 集团军向顿河桥头意大利第 8 集团军发起攻击。在一阵猛烈炮火轰炸后，伴着战场上的弥漫硝烟，450 多辆苏制 T-34 坦克隆隆碾过厚厚的冰层。意大利人惊慌失措、乱作一团。苏军士兵几乎未遇真正的抵抗就在意军阵地上撕开了许多缺口。

苏军的进攻像一个巨大的楔子，在沃罗涅日南面向西挺进。与此同时，苏军在下奇尔斯卡亚也发动了另一场进攻，把德军从那里的桥头堡中逐出，驱回到河对岸。

德军在顿河和奇尔河上长达340公里的阵线被击溃，苏西南方面军向前推进150～200公里。形势危急，德国人不得不将第48装甲军去堵出现的缺口，原定让第48军协同霍特军队进攻斯大林格勒的计划只得放弃。

“小土星”作战，不仅击溃了意大利集团军，而且对德军顿河集团军群左翼实施纵深包围，甚至威胁到远征南方富饶的高加索地区的德军。

意大利集团军的溃败，使曼施坦因意识到，要救援陷入围困中的城中德军，唯一办法是让保卢斯在霍特部队在外围发起冲锋时，也集中全力从内向外突破苏军包围。

18日，曼施坦因再次派他的集团军情报处长艾斯曼少校飞入斯大林格勒包围圈，把接应突围的德军部队最新的情况，对保卢斯作了如下通报：

德军第4装甲集团军由于受到了苏军的强烈抵抗，加之整个顿河集团军群和A集团军群都受到了苏军的攻击，因此顿河以东的营救作战，只能持续一个极为有限的时间。德军第4装甲集团军还不能肯定冲到包围圈上，因为苏军正把有生力量不断投入。留给第6集团军的机会已经不多，现在突围是最好的机会。

在集团军“冬季风暴”作战命令中，曼施坦因分配给第6集团军的任务是准备向西南突围，以求与前去接应的第4装甲集团军会合。艾斯曼少校受集团军群司令官委派，向第6集团军司令官指明，尽管集团军已经尽了最大的努力，但是不相信对被围德军的空运状况会有所改善。

“对此，您可以充分发表您的意见，我将把您的意见转达给集团军群司令曼施坦因元帅。”艾斯曼少校在结束他的汇报时，向保卢斯和第6集团军的其他高级军官如释重负地说。

起初，第6集团军的作战处长和军需处长都认为，应该趁早突围，而且对突围行动很有信心。但最后起决定作用的是第6集团军的参谋长希米德少将，他认为第6集团军此时不可能突围，现在突围等于自取灭亡。

希米德少将告诉艾斯曼说：“按照元首的指示，第6集团军将仍在这里过复活节，而你们的任务就是怎样使我们获得充足的补给。”

希米德参谋长不无抱怨地说：“陷在斯大林格勒这个鬼地方，并非是第6集团军自己的错误。因此，使第6集团军脱离目前的困境，是集团军和最高统帅部的事情。”

艾斯曼少校耐心地劝说：“据我所知，集团军群已经就贵集团军的补给问题竭尽全力，集团军群司令部并没有支配天气的本领，而且它也不能从帽子里变出运输机来。”

虽然艾斯曼少校是曼施坦因身边一个比较善于言辞的人，但他并没有说服以希米德参谋长为首的顽固分子。

见劝说未果，艾斯曼少校只好飞返顿河集团军群司令部。

听了情报处长的一番诉说，曼施坦因真想立即撤换掉固执己见的保卢斯和他的参谋长。

如果是在平时，集团军司令与集团军群司令的分歧到了这种程度，集团军群司令足以有充分的理由更换集团军指挥员。但在目前的这种紧急情况下，新任的指挥官和其参谋长掌握全面情况所需的时间已经没有了。再说更换也不一定得到希特勒的批准，因为希特勒是十分信任保卢斯的，曼施坦因只好强忍下心头这口恶气。

12月19日，斯大林格勒包围圈内德军的情况似乎有所好转，保卢斯在对待突围的问题上，又变得犹豫起来。德军第4装甲集团军所属的第57装甲军，已经推进到距离南面包围圈48公里以内。

假如第6集团军此时开始行动，虽然不一定能突出重围，但与前去营救的部队建立接触是足够的。第6集团军可以通过这次接触，获得足够的燃料、弹药和食品。为了这个目标，顿河集团军群总部已经集中了一支运输纵队，装载了3000吨的上述物资，紧随在第4装甲集团军的后面，并且还携带了牵引车以便营救第6集团军的炮兵。他们只等开出一条道路之后，冒险把物资送进去。

12月19日中午时分，集团军用电动打字机向最高统帅部发出了一个紧急呼吁，要求元首希特勒允许德军第6集团军撤出斯大林格勒，并立即向西南突围与第4装甲军会合。

当日18时，曼施坦因又直接命令霍特的第4装甲集团军，在

“冬季风暴”攻击的第一个阶段之后，还应继续进行第二阶段的作战，这就是代号为“雷鸣”的行动。当接到“雷鸣”的代号命令之后，第6集团军即应向西南的第4装甲军突击方向前进，并逐渐撤出斯大林格勒，第4装甲集团军作好接应的一切准备。曼施坦因又电告保卢斯，当“雷鸣”的命令发出之后，突围和放弃斯大林格勒的一切责任，均与第6集团军无关，一切责任当由顿河集团军群司令部负责。

这是最后一次机会！

但因为燃料问题，保卢斯反对突围。他报告说所有的燃料，只够使坦克（大约有100辆）最多行驶32公里的距离。除非能够保证供应其适当的燃料和口粮，或者是第4装甲集团军能够进到距离包围圈32公里以内的地方，否则他无法开动坦克。

曼施坦因计算了一下，要达到他们所提的要求，起码要有4000吨的燃料。空运这样大的数量，事实上是绝对不可能的。

曼施坦因试图动用元首希特勒的威信，迫使保卢斯自己也作一些突围的尝试，因此花费了不少的时间给希特勒打电话，而希特勒现在仍然是不想放弃斯大林格勒，说服元首也不是一件容易的事。

希特勒不仅要曼施坦因用可怜的一点兵力去解救保卢斯，而且命令保卢斯不能放弃斯大林格勒，待来年春天将其作为新一轮攻势的桥头堡。

这种异想天开的想法，注定了曼施坦因的救援行动会变得毫无意义。而自17日起，苏军的援兵已纷纷抵达，“冬季风暴”到了最后抉择的关头。

尽管觉察到了战场形势出现逆转，曼施坦因还是没有放弃救援计划，他一方面敦促元首同意第6集团军突围，另一方面命令霍特继续进攻。

到12月23日，虽然曼施坦因集群的另一路前锋部队已经冲到了距被合围的保卢斯集团只有35~40公里的地域，但却再也不能前进一步。他们确实时运不济，苏第51集团军和突击第5集团军的迅猛反突击，苏空军第8集团军令人胆寒的空中轰炸，终于给近卫第2集团军的救援赢得了不可缺少的宝贵时间。待到该集团军全部到达之后，希特勒援救保卢斯集团的计划便破产了。因为，此后不久，该集团军和其他苏军部队便在这里开始了对曼施坦因集群的大规模反击。结果，曼施坦因连同他的企图全都失败了。

让我们在这里摘引一段曼施坦因元帅的自述，他在《失去的胜利》一书中写道：

> 因而，现在主动权一转入敌人手中，顿河以东的正面也就快完了。12 月 25 日，力量不断增加的敌人，攻击了梅什科瓦河地域的坦克第 57 军，并迫使它后退。近几天来，已经看得很清楚，敌人妄图从东西两面包围该军的侧翼……
>
> 现在，敌人由于拥有超过我们几倍的兵力，在最近几天内正在迫使坦克第 4 集团军再向后撤，一直退回到它在 12 月 12 日由那里发起进攻的科捷利尼沃……12 月 12 日开始的救援第 6 集团军的作战遭到了失败，起码是暂时遭到了失败。

曼施坦因回天乏术，不得不痛苦地面对现实："冬季风暴"宣告终结。

五、全歼霍特集团

12 月 24 日，坚守在斯大林格勒的苏军，形成了对德军霍特集群及其编制内的德国坦克第 4 集团军和罗马尼亚第 4 集团军实施决定性打击的有利态势。

为了形成这种态势，苏军进行了一系列战役筹划，很早就开始了相关准备。

此时，近卫第 2 集团军已经调给了斯大林格勒方面军，而且近卫第 2 集团军又得到了机械化第 6 军和坦克第 7 军的支援。

按照苏军的进攻战役计划，拟将近卫第2集团军的4个军（近卫步兵第1、第13军，坦克第7军，近卫机械化第2军）用于科捷利尼沃主攻方向上，而第51集团军的两个军（机械化第13军和近卫机械化第3军）对基谢列夫卡、扎韦特诺那、杜博夫斯科那方向实施助攻。开始阶段，第51集团军以自己的右翼部队协助近卫第2集团军包围并消灭盘踞在阿克赛河北岸的德军坦克第17和第23师。

近卫第2集团军的部队在梅什科瓦河一线，从沙巴林斯基至卡普金斯基之间展开，其两翼分别是第51集团军和第5突击集团军。

近卫第2集团军司令员马利诺夫斯基中将决定，对克鲁格里亚科夫方向上的沙巴林斯基、伊万诺夫卡地段实施主攻。预定在第51集团军右翼部队的配合下，在146.9高地、157.0高地至阿克赛河一线地区对希特勒主力实施围歼。

粉碎德军霍特集团的最后阶段到来了。

司令员马利诺夫斯基情绪十分振奋，在对部队进行动员时，他总结了这不寻常的一天，最后讲道："今天，凶恶的敌人终于被我们彻底地挡住了，现在我们要转入进攻了……"

12月24日晨，苏军近卫第2集团军和第51集团军转入粉碎霍特集群的进攻。近卫第2集团军担负主要突击任务。

夜间，德军在强大的后卫部队掩护下，继续向阿克赛河退却。德坦克第23师为保障主力撤退，在157.0高地、小山冈和146.9高地一线构筑好了防御阵地。德军主力向科捷利尼沃地域撤退，撤退时，德国人烧毁了阿克赛河上的桥梁，在浅滩和岸上埋了地雷。

12月25日，苏军近卫第2集团军和第51集团军主力继续发动进攻。他们击退了德军的掩护部队。

12月25日夜，坦克第7军的先遣部队渡过了阿克赛河，在黎明前占领了格涅拉洛夫斯基。随后，坦克第7军的主力也渡过了阿克赛河。

在近卫第2集团军的左翼，先遣支队在克累科夫、舍斯塔科夫和安东诺夫地区占领了阿克赛河渡口。

在右翼进攻的罗特米斯特罗夫的坦克兵与近卫步兵第1军协同

作战，击败了罗马尼亚第6集团军，并前进至通往上亚勃洛奇内的要道上。在经过了激烈的战斗后，罗马尼亚步兵第2师被彻底击溃。随后，德军将坦克第17师的主力投入到这个地区，但是，这些主力却落入苏军航空兵第8集团军强击机的猛烈轰击下。于是，德军被迫放弃了上亚勃洛奇内。

在近卫第2集团军左翼，坦克兵少将波格丹诺夫指挥的机械化第6军，边击退罗马尼亚军队的抵抗，边向前推进，并于日终前打响了争夺萨莫欣和沙尔努托夫斯基的战斗。

12月27日12时整，近卫第2集团军坦克第7军从北面攻击科捷利尼沃，但由于守城部队全是德军的精锐部队，因此坦克第7军发起的突击未能奏效。攻城战斗打得难解难分，十分紧张。

从12月28日晨，坦克第7军重新发起了攻打科捷利尼沃的战斗。德军事先就对这座草原城市作了防御准备。在城北郊，德国人集中了近30门火炮，在各条通路均埋了地雷；在84.0高地、101.5高地一带配置了30辆坦克和近一个营的步兵。

坦克第7军由于在脱离步兵的情况下作战，故以坦克第62旅和近卫坦克第13旅迎头痛击敌人。同时，坦克第87旅和摩托化步兵第7旅从西边绕过德军的防御，突击德军的左翼，并迅速切断了科捷利尼沃通往西面和西南面的各条道路。

16时整，这几个旅的分队攻占了科捷利尼沃西南一公里处的德军机场。有几架德机不知道机场已被苏军占领，仍降落在机场上，当场被缴获。

18时整，该军各旅冲进了城北郊和西郊，同顽抗的德军展开了激烈的巷战。

12月29日拂晓前，坦克第7军完全驱除了城里科捷利尼沃的德军。

在苏军各路进攻部队的合力打击下，德军霍特集群基本被全歼。

第七篇
末日残阳

希特勒得知这个消息，连忙对死到临头的军官们封官晋爵。他的明显意图就是要这些人下决心去死。希特勒对约德尔说：“在德军历史上，从来没有一个陆军元帅是被生俘的。”他接着给保卢斯发去电报，授予他令人羡慕的元帅节杖。117 名军官也各升一级。这时正是 1943 年 1 月 31 日早上，苏军已近在咫尺。

一、“指环”计划光芒四射

12 月 27 日，希特勒召开了一次军事会议。会上，戈林为空军空运遭到惨败百般辩解；曼施坦因则发来电报指责意大利人溃退使他被迫停止“冬季风暴”，而总参谋长蔡茨勒将军则三番五次劝说希特勒撤军。

蔡茨勒报告了南方的形势，最后说：

> 元首，任何一个神志清醒的军人都可以看出，曼施坦因的救援行动已彻底失败。现在不仅仅要考虑斯大林格勒城下被围的保卢斯的命运，更要关注整个战局面临的危机。苏军向罗斯托夫进军，使北高加索的德军处境危险。我们现在可以立即进行第二个尝试，下令撤出高加索。如果你现在不下令撤出高加索，我们不久就会面临第二个斯大林格勒。

这话似乎打动了希特勒，蔡茨勒以为他开始有些松动了。他知道必须紧紧抓住这一时机，促使希特勒表示同意。

“好吧”，希特勒终于说道，“就这么办，你去发布命令吧！”

蔡茨勒马上离开房间，但并未走多远，而是就在希特勒的接待室里，他用电话下达了撤退令，另外还附加了一条规定：立即将此命令传达到各部队，马上开始撤退。他之所以这样做，完全是有意识的，不久便证明这样做是正确的。

蔡茨勒驱车返回自己的司令部，路上用去的时间还不到半小时，但是一到达司令部就发现一个参谋在等着他，说刚接到一个紧急电话，要他立即给元首回电话。

蔡茨勒完全明白是怎么回事，于是拿起听筒，要求接通希特勒，很快话筒里传来了元首的声音：

“关于从高加索撤军一事，暂不要采取任何行动，明天咱们再商议一下。”

蔡茨勒认为，这当然意味着要开始没完没了的拖延，又要拖到任何措施都来不及采取为止。事已如此，他说：“我的元首，来不及了，我已在您的司令部把命令发出去了。现在已经传到了前线部队，撤退已经开始。如果收回命令将会引起严重混乱。我请求您一定要避免这样做。”

希特勒犹豫了一下，然后说：“那好吧，就这样算了。”

希特勒是个不见棺材不掉泪的人。尽管德军防线已千疮百孔，他还想着进攻。他规定 A 集团军群从高加索撤退时不可后撤太多，还要不时打击苏军；顿河集团军群要为解救第 6 集团军创造条件，某些关键地段，无论如何要死守；保卢斯集团军仍然留在斯大林格勒，等候来年春天德军卷土重来。

新年前夕，斯大林在莫斯科召开军事会议，审议歼灭合围圈中保卢斯集团军的“指环”作战计划。

“指环”作战计划在 11 月底就开始筹备了，后因曼施坦因刮起的“冬季风暴”而被迫推迟。12 月底，苏军击退了曼施坦因的进攻，苏西南方面军和沃罗涅日方面军在顿河中游又重创了意大利集团军。这样斯大林格勒下的德国第 6 集团军已无被解救的一丝希望，成了瓮中之鳖。

“指环”作战任务主要由顿河方面军承担，为此，苏最高统帅部将原属斯大林格勒方面军的第 62、64、57 集团军也划归顿河方面军。今天的会议首先听取罗科索夫斯基汇报。

罗科索夫斯基中将身材魁梧，淡蓝色的眼睛闪着智慧的光芒。这时他站在会场前方，压抑着内心激动，对斯大林格勒的作战态势及被围德军动向作了细致入微的分析：

……侦察结果证明了我们的判断，第一，保卢斯的军队虽然已穷途末路，面临着粮食、弹药和燃料的不足，但没有任何迹象表明他们会主动放下武器投降。第二，被围德军兵力还有20多万，他们盘踞在170公里的地带负隅顽抗。这一带多为丘陵地形，有许多断崖陡岸，居民点星罗棋布，易守难攻。下面我着重谈一下我军的对策。

罗科索夫斯基才思敏捷，他没有看桌上摊开的地图，敌我双方兵力部署、态势和走向，他早已研究透彻，说起来滔滔不绝，语气中流露着一种强烈的自信：

“这个计划是由大本营副代表沃罗诺夫同志帮助我们制订的，同时听取了集团军司令员的想法。我军的防线是：在市内沿河区由第12集团军防守，北面是第66集团军防区，与朱可夫第62集团军相隔5公里，接着是第24集团军防区。西部地段由第65集团军和21集团军共同防守，南部是第57集团军和64集团军。我军从四面八方把保卢斯军队围得水泄不通。

“再看德军，其阵地呈鸡蛋形，几十万人缩成一团，攻北南救，攻南北援，能从四面调动兵力，其核心在卡尔波夫卡、马里诺夫卡、德米特里耶夫一带。

我军的主要突击方向应放在哪里呢？从北面突击，不行。保卢斯早在8月份就在此地加强守卫，那里工事坚固，防守严密。南面也只能作配合性的辅助突击。我们计划从西面沿韦尔佳奇、大罗索什卡、古姆拉克、戈罗季谢一带，从第65集团军和第21集团军的相邻侧翼实施猛攻。”

罗科索夫斯基说完后，大家都沉浸在思索中。

斯大林吸着烟斗，注视着大家：“5个月的血战，我们付出了极大的牺牲，终于迎来了总攻。我们一定要打好这一仗。华西列夫斯基，你对计划有什么意见？”

“我看不错。敌人现在已龟缩一团，如果只从一个方向或从外面零打冲破，既费时伤亡又大。顿河方面军提出中间突破，大胆穿插，把围困中的德军切割成一股股，使他们群龙无首，迅速瓦解，我看此法可行。”

斯大林回头看朱可夫：“你有什么建议吗?”

朱可夫道：“总的设想不错，只是我担心主要突击力量是否能撕开敌人防线，还有主攻和助攻如何配合?”

“对，敌人阵地已经过几个月的苦心经营，虽已面临绝境，但狗急跳墙，垂死之敌不好对付。”

会场气氛活跃起来，大家各抒己见，出谋献策。

最后，斯大林集思广益，对“指环”作战作了重大修改，以命令形式下发给顿河方面军：

> 你们提交的“指环”计划的主要缺点是：主要突击和辅助突击方向不够集中。两股突击力量不可能会师，以致使人感到战役胜利的把握不大。
>
> 按照最高统帅部大本营的意见，战役第一阶段，你们的任务是分割和消灭克拉夫措夫、巴布尔金、哥里诺夫卡、卡尔波夫卡地区内被困敌军的西部集团，使我军的主要突击从德米特里耶夫卡、一号农场和巴布尔金地区转向南方的卡尔波夫卡车站地区，而第57集团军的辅助突击从克拉夫措夫、斯克利亚罗夫地区进行，这样两支突击力量应在卡尔波夫卡车站地区会师。
>
> 与此同时，应该组织第66集团军经奥尔洛夫卡向“红十月”居民区方向实施突击，第62集团军也实施突击。为了接应他们的突击，以使两军会合，这样便应将工厂区的敌人同敌主要集团拦腰切断。
>
> 在总结第一阶段战果的基础上，请于1月9日前将战役第二阶段的计划经总参谋部呈报上来。

沃罗诺夫和罗科索夫斯基接到大本营命令后，立刻修改了计划。1月4日，计划被批准。

最终确定的方案是苏军由西向东突击，消灭包围圈西南突击部的德军为战役第一阶段。第二阶段苏军继续分割被围德军，将其各个击破。

“指环”作战定于1月10日开始。为避免不必要流血，炮兵司令沃罗诺夫上将和顿河方面军司令罗科索夫斯基中将在进攻前两天向保卢斯发出最后通牒：

德军第6集团军保卢斯上将并副司令官：

德军第6集团军、坦克第4集团军各兵团及其配属的加强部队从1942年11月23日起，已陷入完全包围之中。

红军已把你们围得水泄不通。从南和西南面挽救你们的曼施坦因集团已被击溃，其残部正向罗斯托夫撤退。给你们运送少量食品、弹药的德军航空兵也遭到红军猛烈炮火的袭击，已无法完成空运任务。

你们被围部队忍受着饥饿、疾病和严寒折磨。作为司令官，你非常清楚，突围已不可能，抵抗是毫无意义的，只有投降，才是出路。

倘若你们拒不投降，我们红军和红军空军将全歼你们，一切后果由你们承担，特此警告。

红军最高统帅部大本营代表
炮兵上将沃罗诺夫
顿河方面军司令罗科索夫斯基中将

1月8日清晨，顿河方面军司令部参谋斯梅斯洛夫少校作为军使，在翻译佳特连科大尉陪同下，穿越德军阵地，将最后通牒交给了前沿德军军官，让他转交保卢斯本人。保卢斯接到苏军最后通牒后，立即召集集团军各军军长商议。

四面楚歌中的德军将采取什么对策呢？

保卢斯马上把通牒全文用电报发给希特勒。他希望希特勒能够授予他权力，能够“便宜行事”。实际上，这是委婉地要求希特勒准许他率众投降。希特勒雷霆大怒，立即发电，驳回保卢斯的请求：“不许投降！集团军每坚守一天，对整个前线都是一个支援，可以牵制苏军几个师的兵力。”

顿河方面军司令部把转交最后通牒和被拒绝的情况报告了大本营。

“下一步你们准备怎么办呢？”

“今天我们检查一下武器装备，明天开始进攻。”

“大本营预祝你们成功。”

二、无法挽回的败局

希特勒一步步把保卢斯的官兵们引向死亡。

从 1942 年 6 月算起，在斯大林格勒城下，德国陆军已连续作战了 6 个月，没有得到休整补充。

12 月 1 日，处在围困中的总参谋长施密特中将给他柏林的朋友写信。“我们勉强龟缩在一起。武器够用了，但缺少弹药、粮食、烧酒、木料和柴火。我们无法钻入地下取暖。”

12 月 8 日，施密特的首席副官贝尔上尉也给朋友写信说：“军队的状况不堪用语言描述，每天的粮食不到 200 克，士兵们大多数露宿在野外。”12 月 26 日，他又写信：“目前我们仿佛感到被人出卖了……这里已经没有食物了……真正断粮了。根据我对德国士兵的了解，必须清醒地估计到，士兵的体力已经消耗殆尽。在这种冰天雪地中每个人都会说：现在对我一切都无所谓，或是慢慢冻死，或是被苏联人征服。”

这几封信被人送给了希特勒。希特勒面无表情地看过之后，只是淡淡地说了一句：“看来第 6 集团军的负担加重了。”

口粮的缺少超出了人们的想象。每人每天粮食定量 100 克，粮食不够吃，就去屠宰瘦骨嶙峋的战马。先杀罗马尼亚骑兵运送辎重的马；杀完了，再杀战斗骑兵的马；还不够吃，就杀罗马尼亚军官的马。最后，罗马尼亚将军们的马也未能幸免。战役战束后，一位罗马尼亚将军悲伤地说，他的 6000 多匹战马都被吃掉了。为了充饥，士兵们去杀狗、杀猫，连冻死的乌鸦也被捡来。

100克的粮食定量也不能保证。1942年的圣诞之夜，德国士兵们破天荒地有了一顿最丰盛的晚餐：每人得到200克面包、100克肉酱、25克咖啡；2个马肉丸子要到第二天补发。过了圣诞节，口粮减少到50克。又过了一些时候，这50克口粮只发给直接战斗人员，团以上机关基本上连面包也没有了，其余的人只能喝稀汤。人们把骨头煮了又煮，想尽量把汤煮稠些。各种疾病在保卢斯部队中蔓延。

斯大林格勒的1月份，气温达到零下25摄氏度至30摄氏度。士兵们对炮弹不够已不太关心了，他们更关心燃料，假如有了燃料就不至于冻僵。柜台货架和书架，居民的门窗家具都被用来御寒。许多人一直没领到冬装，于是只得四处寻找。毯子、被子裹在身上。女人的内衣、卫生裤、裙子和头巾也成了士兵的服装。昔日耀武扬威的德国士兵，如今把自己打扮得像马戏团里的小丑。

一个德军上校这样描述当时的惨状："每天夜里，我们坐在土屋里，仔细倾听马达的隆隆声，努力猜想，这一次有多少架飞机飞来，给我们送来些什么东西。"可是，飞来的飞机越来越少了。

德军士兵们盼来的也并不全是食品、弹药。有一次，希特勒派专机给那些濒于死亡的士兵运来了2.8万个铁十字架，其实对士兵们来说，有个木十字架就是了不起的赏赐了。

战争、饥饿、寒冷和疾病，天天折磨着德军第6集团军。德军每天减员1500人。33万人的部队，到1月10日，就损失了8万之众。

他们在想，如果有人能劝说希特勒让他们突围该有多好。可是，这支半饥半饿的没有交通工具的部队即使突围出去，在冰天雪地里又该如何？当年拿破仑士兵从莫斯科城下撤退的可怕情景，不时浮现在他们面前。

柏林还算是没有把保卢斯忘掉。

最有"同情心"的是蔡茨勒。他为了引人注意，在总参谋部的食堂里吃同样的口粮，几天时间就明显消瘦下去。希特勒赶快通知他，一位总参谋长为了表示与部队同甘共苦而如此消耗自己的精力，是不适当的。他命令蔡茨勒立即恢复足够的营养。

希特勒自己呢？他也有几个星期禁止自己喝香槟酒和白兰地酒。

谁都明白，第6集团军灭亡的日子不远了。

只有希特勒还在发梦呓。

12月28日，希特勒在第2号作战命令中说："我们像以前一样，坚持将第6集团军留在他们的要塞里，并为解救它创造先决条件。"

12月31日，希特勒在第2号作战命令补充件中说："定下决心，根据天气情况，从2月中旬大约在顿河以南向斯大林格勒方向发动进攻，目的是解救第6集团军。"

1月9日，顿河方面军各个集团军，已经作好了进攻准备。

斯大林格勒城周围，苏军的7000门大炮正指向敌人前沿阵地和纵深部位。其中有1656门野战火箭炮，也就是"喀秋莎"和她的大哥"安德柳莎"，一次齐射可发出1.5万发炮弹，而且是300毫米的重型炮弹。

担负主要突击任务的第65集团军的炮兵力量尤其强大，仅第一梯队就有25个加强炮兵团、8个近卫迫击炮团和4个近卫重炮旅。集团军每公里正面平均有135门火炮和迫击炮，主要方面平均每公里167门，就是说不到6米就有1门。这么多的火炮和迫击炮，足足是对面德军火炮的15倍。

在第一梯队后面，是集团军的第二梯队。它由第214师和光荣的"第24钢铁师"组成。后者担负着突破敌军中间防线的任务。这个集团军还有8个步兵师。

1月10日早上4时，最高统帅部代表沃罗诺夫上将和顿河方面军司令员罗科索夫斯基中将很早就来到了第65集团军的观察所，观察所设在"第24钢铁师"的进攻地带上，距第一梯队战斗队形只有600米。

第65集团军各师的任务是，同第21和第24两个集团军彼此相邻的侧翼部队配合，在主要突击方向上进攻，切断敌包围圈西南的马里诺夫斯基突击部。第64和第57集团军的相邻侧翼部队在第

65 集团军的对面，从齐边科以南地区向巴萨尔基诺、新罗加哥克会让站这个总方向发动进攻。第 66 和第 62 集团军从叶尔佐夫卡西南地区向戈罗季谢发动进攻。战略意图很明显，先切断德军西南枢纽部和其他地方的联系。

苏军部队中充满着强烈的渴望。这种渴望是不可抑止的，犹如即将喷发的火山。“打到伏尔加河去！”“把希特勒从斯大林格勒赶出去！”这些都是大家盼之已久的愿望，这个时刻就要来临了，人人的脸上充满着激动和兴奋。

第 65 集团军司令员巴托夫中将问一个坦克驾驶员科斯特罗明，31 岁了为什么还没有入党。

科斯特罗明回答：“我觉得我还不够资格。我和弗拉索夫商量好了，非等打到伏尔加河，叩拜过我们的俄罗斯母亲之后，我们才将认为我们真正受到了布尔什维克的洗礼。”

弗拉索夫，一名炮塔射手，几天前刚刚庆祝完自己的 25 岁生日。尽管年轻，可是他已参加过六次坦克冲锋，消灭过敌人的五个机枪阵地，击毁过敌人四门平射炮。他对司令员巴托夫补充说：“我的理想就是同崔可夫的战士们会师。这将是我一生中最幸福的一天。”在这位年轻战士心目中，在斯大林格勒奋战多日的第 62 集团军的每一个人，都是他崇拜的英雄。

遗憾的是，后来这位年轻的炮塔射手未能参加令人兴奋的会师。在 1 月 10 日向敌人纵深地带进攻时，他的坦克被击中燃烧了。他坚持不从坦克里撤出来，他继续射击。他的生命和他最后射向敌人的一发炮弹一起，化成了复仇之神。人们从他贴胸的口袋里找到了他的共青团员证，还有一张纸条，纸条上写着：“如果我牺牲了，请追认我为共产党员。”

这就是那个时代苏联青年的精神风貌和最高追求。他活在巴托夫司令员的心里，活在第 65 集团军全体官兵的心里。

战役开始前，各集团军炮兵对敌军纵深地带进行了 5 个昼夜的教练射击。这一方面使德军更疲惫，另一方面也迷惑了敌人，对苏军的主要突击方向产生错觉。

第 65 集团军对炮兵进攻计划作了深入研究。现在，他们的经验要比 11 月 19 日那天丰富得多了。炮兵打击要十分有力，但时间一定要短。要给敌人来一猛击，一拳把敌人打倒，不把时间花在抽打敌人几个嘴巴上。如果只是打敌人几个嘴巴，它还会恢复过来。

1 月 10 日，清晨 7 时，天还未亮。苏军飞机强大的轰隆隆声在天空掠过，接着，雷鸣般的爆炸声响成一片。天地颤抖了，苏军的远程航空兵和顿河方面军的轰炸机群开始对戈罗季谢和古姆拉克地带的德军机场、德军司令部、通信中心实施轰炸。

所有炮筒都对准了那几块隐约可见的高地。高地后面是德军的主要防御地带，纵深四五公里。

8 时 5 分，一颗颗信号弹从观察所高地升入高空。无线电发出 15 声短响，各级指挥员在电话里发出了进攻的暗号："为了祖国!" 7000 门大炮一齐轰鸣，炮弹铺天盖地地飞向德兵阵地。刹那间，尘土和雪块掩埋住了敌军前沿阵地，到处浓烟滚滚。

9 时，火箭炮又发出一阵齐射，这是冲锋的信号。田野上爆发出洪亮的"乌拉"声，步兵在坦克伴随下迅猛向前冲去。

德军的第一道堑壕已被攻占。战斗向第二道堑壕和一些单独的火力点发展。有一些火力点上面被厚厚的积雪覆盖，德军设置的位置十分险要和巧妙，坦克和火炮无法对其进行直射。只能用猛攻，用炸药包去摧毁。第一天，第 65 集团军进入敌防御纵深近 5 公里。

第 65 集团军第 91 旅的坦克手们在进攻道路上遇到了意想不到的困难，德国人在新阿列克谢耶夫布设了相当稠密的反坦克炮火点。德军在反坦克防御方面是不好对付的能手。旅长发现了敌人防御上的薄弱环节，他调来炮兵的神炮手班，一举摧毁了德军侧翼的一个炮火点。坦克群迅速从侧翼迂回到德军后面，从背后发起进攻。集团军司令员又调来了步兵第 233 师加强这一面的突击。敌人防线终被突破，各支撑点德军也被消灭。

在以前几次战斗中，第 21 集团军遭受到重大伤亡，有几个兵团只有一半兵员。这次辅助突击，进展不太迅速。1 月 12 日。沃罗诺夫上将和罗科索夫斯基中将决定将主要突击方向转移到第 21 集团军地带上，并亲自帮助奇斯佳科夫司令员，从别的地方调来各种兵器。他们帮助分析敌军部署情况，规定了战斗队形。该集团军力量加强到有9个步兵师、19个炮兵团、2个坦克旅和8个坦克炮团，平均正面每公里114门火炮和迫击炮。经过激烈战斗和第65、57集团军南北夹攻，肃清了突出部的全部德军。部队前进到新阿列克谢耶夫、卡尔波夫卡地区。

在卡尔波夫卡北面，敌人用机枪向第21集团军近卫步兵第158团的几个分队扫射，阻止他们进攻。步兵战士们匍匐在地上，前进不得。红军战士想迂回到敌人机枪后面，但没有成功。情况十分危急，忽然，不知从什么地方蹦出几个小孩子，他们跑到团长潘丘霍夫少校身边。一个小孩子说，附近有一条安全小道可以接近敌人机枪，他自告奋勇，愿意带路。在这个小向导带领下，战士们悄悄接近敌人火力点，把它消灭了。

团长要给这个小孩发一枚“勇敢”奖章。可是，小勇士已不知跑到哪里去了，他的姓名也始终没有打听到。

在卡尔波夫卡的枪声还没有停下来的时候，一个手拄木棍、胸佩红旗勋章的人向团长潘丘霍夫少校走了过来。他带着12名骨瘦如柴、缠着绷带的人。他是一名伟大卫国战争中负伤的残疾军人，名叫科维林。德军占领卡尔波夫卡时，他没有来得及撤退。他在老百姓的协助下，冒着死亡的危险，把受伤的战士们隐藏起来。现在，他们来向部队报到，要求重归战斗行列。

在南部扇形地区，1月13日，第57集团军近卫步兵第15师第44团在切尔夫连纳亚河东岸受阻。敌人从三个伪装得非常巧妙的火力点里不断进行瞄准射击。为给部队开辟通道，二营的奥西波夫中尉和别雷赫少尉两位排长携带一捆手榴弹向火力点爬去。接近敌人时，他们猛地甩出手榴弹，炸毁了两个火力点，但他们却不幸在第三个火力点前英勇牺牲。机枪手谢尔久科夫下士立刻勇敢地向第三个火力点爬去，投出两捆手榴弹。敌人的火力点仍然射出凶狠的火舌，谢尔久科夫一跃而起，扑向火力点，用自己的血肉之躯堵住了敌人的机枪眼。近卫步兵第15师迅猛攻上河岸，敌人的另一道防线也被突破了。第57集团军第38步兵师占领了沃罗波诺沃附近的德军机场，缴获了18架完好无损的飞机，生擒了躲藏在掩蔽部的机场人员。

■ 苏军大炮射向德军阵地

第 64 集团军也突破了敌军防线。第 62 集团军继续向西进逼，与第 65、21 集团军左右夹击。

保卢斯四面楚歌，他连忙向希特勒呈上报告：

“俄国人的主力从西、北、南三面冲破防线，矛头指向卡尔波夫卡和皮托姆尼克。步兵第 44 和第 76 师受到严重损伤，机械化第 29 师仅有一部分有战斗力的人员，恢复态势没有任何希望。”

这是一个充满失望、灰心丧气的报告。

得到的答复是：

“无论如何也要保住齐边科、卡尔波夫卡、罗索什卡。竭尽全力保住皮托姆尼克，不让俄国人占领。要想方设法夺回齐边科。集团军司令官要上报采取反攻的措施，并要讲清楚，是在什么情况下，未经陆军参谋总部允许而放弃齐边科的。”

看起来，这个时候，失望情绪已笼罩了希特勒大本营。在斯大林格勒，许多德国军官和士兵已是风声鹤唳，草木皆兵。要“竭尽全力”保住的皮托姆尼克更是一片混乱。

1 月 12 日，皮托姆尼克机场附近突然出现了几辆苏联坦克。一个现场目击者、德国司令部的一名军官后来叙述了紧接着出现的情况：

“惊慌来得很突然，并且引起了一场混乱。不知谁喊了一声：‘俄国人来啦！’一眨眼间，健康的、有病的和受伤的一齐从帐篷里、从掩蔽部里跑出来。每个人都想尽快地往外冲，有一个人在慌乱中被踩死。伤员们抓住自己的同伙，拄着棍棒和步枪，在寒风中一瘸一瘸地走着。有的摇摇晃晃，支持不住，随即倒在地下，但谁也不理他们。过了几个小时，这些人就都成了僵硬的尸体。汽车上，常常因为争个座位就互相搏斗。机场的地勤人员、医务人员和轻病号首先向停在皮托姆尼克机场边那些尚未损坏的汽车跑去。马达刚一发动，便向通往斯大林格勒的公路上疾驰。刹那间，一大群人站在汽车两侧的挡泥板上、脚踏板上和车头的盖上。这样的载重，差一点把汽车压翻。有些车因燃料不足或马达出毛病开不动了，那些开走的车，被人们不停地追呀，追呀。只要能行动的人都溜走了，剩下的人员只好等着救援。这种情况持续了不长一段时间。天气仍很寒冷，号叫声消失了，只能听到一句话：‘谁来救救我呀！’”

这个军官心中哀叹：“在一个被破坏的城市里，在不断遭到俄国人进攻的情况下，哪里有可能得救？根本谈不上什么得救。这是在惊恐中，在歼灭战中，精神和体力受到摧残的、半死不活的人的自我安慰。”

情况很快弄清了，进攻机场的只是苏军的一个侦察队。德国人重新控制了机场，只有一些德国伤病员返回原地，德军士兵被吓得魂飞魄散。大多数飞行员和医务人员只是到了傍晚才返回皮托姆尼克机场。可是，他们不会待多久，苏军攻占皮托姆尼克机场，也不过是在一两天后。

到 1 月 13 日，战役第一阶段的任务已经完成，德军防线的西面突出部已被切断。第 65 集团军连续作战，继续向东突击，直接进攻古姆拉克、戈罗季谢、“街垒”工厂。也就是说，第 65 集团军将和第 66 集团军一起，共同歼灭被围的北部集团。从西部和西南部发起进攻的 3 个集团军在这一天已推进到德军的第二道防线。

德军士兵和军官在零下二三十摄氏度的草地上，在狂风暴雪和苏军炮火的袭击下，放弃阵地，缴械投降。

1 月 13 日凌晨，第 65 集团军坦克独立第 91 旅在参加了攻克卡尔波夫卡的战斗后，来到新阿列克谢耶夫村集中。旅长雅库鲍夫斯基突然听说在一个国营农场附近有一个飞机场，他立即派人到集团军司令部送情报。

集团军司令部下令，必须完整地把敌军航空技术装备保存起来。

这个飞机场对德军有特别重要的意义，是希特勒统帅部还能借以和保卢斯集团保持联系并补充弹药和粮食的唯一据点。

远远看去，机场像是一个很大的蚂蚁窝。几百架飞机、汽车、高射炮，还有带有红十字的大帐篷，密密麻麻地摆在机场上，不断有飞机在起落。

雅库鲍夫斯基决定，封锁从斯大林格勒方向进入机场的所有道路，只对运送德军伤病员的汽车和其他非战斗车辆放行。当坦克和装甲运输车进入机场时，苏军要进行射击。对飞机也一样，对降落的不阻拦，但不准起飞。

14 日凌晨，近卫第 207 师、步兵第 23 师和第 304 师先遣队也赶到了。

侦察工作进行得很顺利。这里有大约两个团的德国兵，他们都是由一些撤退下来的分队匆匆编成的，一群乌合之众！

拂晓，第 23 师先攻占了机场附近高地，消灭了敌军掩护部队。第 65 集团军观察所也移到了刚占领的高地上。

两个团发起冲锋，一个团实施迂回包围。

白刃战在机场各处展开。200 多架飞机、300 辆汽车、23 辆坦克和 500 名俘虏成了红军战利品。

保卢斯投入相当雄厚的兵力反扑，企图夺回机场，但最后溃退了。

在同一天，第 66 集团军步兵第 214 师向南推进并到达皮托姆尼克机场附近。1 月 14 日夜，该师占领了这个机场。

战役开始时分别从西和西北方向突击的第 65 集团军和第 24 集团军，1 月 15 日早晨在皮托姆尼克机场会师。

第 62 和第 64 集团军在包围地区的东北部继续积极进攻，把德军力量牵制在斯大林格勒，使其不能把部队调往苏军主力作战的包围圈西部。

德军第 6 集团军司令部设在第二道防线东边的古姆拉克。苏军尚未突破第二道防线时，德军司令部就急忙再次销毁文件和军用物资，只准备带些急需的东西。司令部撤退时，只有几辆幸存的汽车。在路上，他们看到的，再不是迈着整齐步伐的神气十足的队伍，面黄肌瘦的士兵像幽灵一样移动。在古姆拉克火车站，一大群伤员拼命往东逃跑，医院里留下的都是些重伤员和快要咽气的病人。保卢斯命令主治医生“把医院留给俄国人”。缺乏运输工具，疏散不可能，治愈无希望，保卢斯顾不得他们了。在医院的外边，一堆堆德国兵的尸体像圆木一样堆起来。看护兵们没有力量在冻得如石头般的地上挖坑，也没有炸药把地面炸开。无处掩埋——这就是希特勒的炮灰们的下场。

■ 德军用卡车装载士兵尸体

第 6 集团军司令部迁到了离城更近的地方，那里驻守着步兵第

■ 冻死的德国士兵

71 师，在深沟的陡峭斜坡上构筑有很多掩蔽部。

1 月 17 日晚，第 64、57、21 和 24 集团军分别推进到斯大林格勒的接近地，占领了大罗索什卡、冈恰拉村和沃罗波诺沃一线。德军被包围在一个东西 20 公里、南北 30 公里、周长 110 公里的包围圈内。

战役第二阶段至此结束。

1 月 15 日，顿河方面军司令员罗科索夫斯基中将晋升为上将。

1 月 18 日，大本营代表沃罗诺夫上将晋升为炮兵元帅。同一天，在朱可夫和伏罗希洛夫指挥下，德军对列宁格勒 6 个月的封锁被打破，朱可夫晋升为苏联元帅。

苏军的强大攻势使绝大多数被围的德国士兵看到了可能要面临的悲惨结局，一个德国士兵说："怕是一只耗子也难逃脱了。"

为了防止士兵逃跑和投降，一些军官住进了士兵的地窖，加强对士兵的监视。

保卢斯也发出了命令，吓唬自己的部下：

“最近以来，俄国人不止一次地想同集团军及其下属部队谈判，目的是想通过谈判来削弱我们的抵抗意志。我们都知道，如果部队停止抵抗，我们将受到什么样的打击。我们中的大部分人不是被敌人枪毙，就是在西伯利亚可耻的俘虏营中饿死、冻死或者被折磨死。有一点是清楚的：谁要是投降，谁将永远看不见自己的亲人。我们的出路只有一条：在严寒和饥饿中打尽最后一颗子弹，战斗到最后一刻。因此，一切谈判都应拒绝，不予理睬，要用火力赶走俄国人。在其他方面，我们将寄希望于正在赶来营救的部队。”

对部下，保卢斯虽然可以这样说，但对眼前的现实他却不免忧心忡忡。吓唬下级、欺骗下级、给下级编织幻想的花环是他思想的一面，而且是虚假的一面，真实的一面是，他自己的抵抗意志已进一步削弱。1 月 20 日，他向集团军群指挥部和统帅部报告：

“由于粮食、燃料和弹药发生了灾难性的困难，部队战斗力急速下降，现在有 1.6 万名伤员得不到任何护理。除在伏尔加河前线作战的部队外，其他部队既没有构筑好的阵地，也没有住所和木柴。精神瓦解的严重征兆出现了。我再次请求给予行动自由，趁现在还有继续战斗的可能，就继续抵抗下去；如果没有可能，就停止那些不可能再进行的战斗，这样可以保障伤员得到护理，防止我军的彻底瓦解。”

希特勒的答复几乎和他之前的答复一模一样：“投降是不允许的，部队应执行自己的历史任务。要抵抗到最后一刻，以便促进在罗斯托夫及其北面建立起新的战线以及方便高加索集团军群撤出。”

希特勒是个天才，他能把最坏的事说成最好的，把失败说成胜利，把临近死亡说成是新生命的开始。至于能否在罗斯托夫及其北面建立起新的战线并把高加索军群撤出来，并不完全取决于希特勒的愿望。战争是希特勒挑起的，战争初期，他确实在不断满足着自己的愿望。然而，战争如何打，永远不是一厢情愿的事。对罗斯托夫、对北高加索，当苏联几个集团军把斯大林格勒紧紧围起来时，当“指环”战役正进行时，当“小土星”战役把曼施坦因赶得远远的时候，斯大林和他的最高统帅部已经在进行新的筹划。

希特勒在1942年12月让A集团军群从高加索撤退，但是在1943年2月，苏联北高加索方面军和南高加索方面军一起粉碎了德军北高加索集团军撤向罗斯托夫的企图。

敌高加索集团的主力部队已不能从罗斯托夫撤退，出路只有朝克拉斯达诺尔到塔曼半岛这个方向突围。2月12日，北高加索的大型工业和行政中心——克拉斯达诺尔解放了。

2月14日，顿河岸边的著名城市罗斯托夫被解放。德国侵略者几乎全部被赶出高加索。

■ 罗斯托夫居民欢迎苏联士兵进城

这样，从1942年末到1943年初，苏军把德军往西击退了六七百公里，肃清了48万平方公里领土上的敌人，数百万苏联人民得到了解放。希特勒欲夺取这一富饶地区石油、煤炭和粮食的梦想破灭了，连接苏联中心地区同南部地区和高加索的水陆交通线恢复了。

斯大林格勒战役是人类历史上的光辉一页。现在，它已改名伏尔加格勒。但是，无论是多少年以后，人们只要议论起第二次世界大战，就必然会提起斯大林格勒这个英雄城市的名字。

斯大林格勒英雄们的名字将在历史上永存。

三、胜利会师

“指环”战役已顺利完成。沃罗诺夫元帅和罗科索夫斯基上将决定发起全线总攻，把德军全部歼灭在一个600平方公里的“口袋”内。战斗计划是，西边的第21集团军向古姆拉克、“红十月”村发动总攻，把敌军集团截成两部分，第65集团军右翼部队配合第21集团军在“红十月”村北边和亚历山大罗夫卡实施突击。第24集团军从西北方向继续进攻。第62和第66集团军仍从合围地区东北部进攻。最后阶段的这个突击计划得到最高统帅部赞许。

按照新的进攻计划，在18日和19日这两天，军队进行了重新部署。同时，各进攻地带上的战斗仍在不间断进行。

坦克独立第91旅和兄弟部队一起，占领了“苗圃”国营农场附近的德军飞机场后，继续向敌人进攻。1月21日，该旅在兹缅纳亚山谷和杰日达村一带建立了自己的进攻阵地，继续收缩包围圈。

德军进行疯狂反抗，他们一次又一次组织力量发起反冲击。

坦克独立第91旅接到上级下达的命令，无论如何要坚守住已夺得的阵地，击溃敌人的反冲击集团。

旅指挥部决定，选择一个最优秀的坦克手集体，预伏在一个最重要的方向上。敌人在这里集中了不少兵力。

被选中的这两辆坦克，坦克车长是纳乌莫夫中尉。

德军以密集的坦克和步兵群向纳乌莫夫坦克守卫的地段发起冲击，他们错误地认为这里的防线最薄弱。他们突然遇到了纳乌莫夫坦克射出的炮火。苏联坦克手们最初的几阵轰击，就使德军停了下来。德军的几次冲锋均被击退，5辆坦克燃烧起火，战场上躺满了法西斯士兵的尸体。

纳乌莫夫的坦克也被打坏了，双方火力都停了下来。

这时，这辆坦克完全可以退回来进行修理。这样做，有完全正当的理由。但是，纳乌莫夫坦克的全体乘员决心留下来。坦克里还有武器和弹药，他们要把这辆坦克当成堡垒，继续打击敌人。他们要和其他坦克一起赢得战斗的胜利。

刚才被火力压制住趴在地下的德军发现这辆坦克被打坏，很快地包围了上来。他们狂喊着："俄国人，投降吧！"

纳乌莫夫和他的战友们用机枪和手榴弹来回答敌人，大片大片的敌人在坦克周围倒下。

弹药打完了。

发了疯的法西斯士兵开始向纳乌莫夫的坦克喷射混合燃烧液。他们妄图迫使坦克乘员离开正在燃烧的坦克。

这时，从坦克里传出了悲壮的歌声，坦克手们开足了坦克里无线电台的功率："起来，饥寒交迫的奴隶；起来，全世界受苦的人！"世界无产阶级的战歌在硝烟弥漫的战场上空回荡。

其他坦克分队冲过来，援助纳乌莫夫。德军被击溃了。

英雄的坦克手们停止了呼吸。

独立坦克第91旅全体战士发出誓言，一定要为死难的战友报仇。他们向敌人发起强大攻击。1月22日，新纳杰日达村的敌人被赶走。1月28日，该旅在兄弟部队协助下攻占了"红十月"新村，进入斯大林格勒西北郊。

纳乌莫夫坦克有4名乘员：坦克车长纳乌莫夫、机械师驾驶员斯米尔诺夫、炮手长诺里增、无线电兵维亚雷赫。他们中有的是共产党员，有的不是。他们都是伟大的爱国主义者，是反法西斯的英雄。

1月22日，顿河方面军军事委员会再次敦促保卢斯投降，但没有得到任何答复。司令员罗科索夫斯基上将发布命令，要求部队进入最后决战，全线进攻敌人。

在第64、57和21集团军进攻的22公里地带内集结了4100门大炮，炮兵和步兵将在突破敌防御中起主要作用。

6个多月的战斗就要进入尾声，尾声是这一壮阔史剧的高潮，全军上下，群情激昂。

“迅速冲进市内！胜利已经不远了，猛烈地打击敌人吧！谁最先从西面冲进斯大林格勒，光荣和荣誉就属于谁。”大家相互激励着。

1月23日，斯大林格勒南线克木拉克机场，最后一架德军的飞机仓皇起飞。它拖着被击掉一半的尾舵，摇摇晃晃地逃出了包围圈。

1月24日，最后一条小型临时跑道也失去了。

过去，飞机还运来一些供应品，特别是药品，并运走了2.9万名伤病员。现在，飞机再也不能降落了。

这一天，罗科索夫斯基上将决定再给保卢斯一次投降的机会，苏军使者带着一份新的建议书来到德军阵地。保卢斯到了这个地步，仍没忘记向他的元首请示：

“部队弹尽粮绝……已无法进行有效的指挥……伤员1.8万人，无衣无食也无药品绷带……继续抵抗下去已无意义。崩溃在所难免，部队请求立即允许投降，以挽救残余生命。”

希特勒答复：

“不许投降，第6军团必须死守阵地，直至最后一兵一卒一枪一弹。他们的英勇坚持对建立一条防线和拯救西方世界将是永志难忘的贡献。”

继续抵抗不仅是无意义、无用处，而且是办不到的事。

1月25日夜，罗科索夫斯基上将命令第21集团军向马马耶夫岗进攻，以便最后完成肢解被围德军残余部队的任务。

1月26日拂晓，成千上万发炮弹暴雨般倾泻到马马耶夫岗地带德军的堑壕里。坦克第121旅的坦克兵、近卫第51师和第52师的步兵，随着炮火快速冲了上去，分割消灭了敌军。此时，一直坚持战斗的第62集团军的战士也冲了上来。

两个集团军的战士们互相拥抱，互相握手。坚守了将近200个昼夜的第62集团军战士更是激动，眼睛里噙满了泪花。

第21集团军的战士们高呼：“致以顿河的敬礼！”

“致以伏尔加河的敬礼！”第62集团军的战士们回答。

胜利的欢呼声响成了一片。

后来，一辆参加过斯大林格勒保卫战的 T-34 型坦克被放置在这个具有历史意义的地方。每年 1 月 26 日，都有不少苏联人在这里回忆那不平常的岁月。就是在平常的日子里，人们只要一看到那辆 T-34 型坦克，心中就会充满自豪。

与此同时，第 21 集团军近卫步兵第 51 师同第 62 集团军近卫步兵第 13 师在“红十月”工厂也胜利会合。

德军被拦腰劈成两部分：北面一半，南面一半。两部分互被隔开，四面均被包围。南部第 6 集团军指挥部同北部集群的联系全部中断。德军的南部被包围在市中心，北部被压缩在“街垒”工厂和拖拉机厂地区。包围圈越来越小。

根据计划安排，第 21、57 和 64 集团军合围南部之敌。这里被围的是敌军 6 个步兵师、2 个机械化师和 1 个骑兵师的残余部分。敌步兵第 71 师师长罗斯凯少将为南部集群司令，但实际上指挥权由驻在该集群地区的第 6 集团军司令部和保卢斯本人掌握。

在北部地区，第 62、65 集团军将消灭被围的 3 个坦克师、1 个机械化师和 8 个步兵师的残余部队。第 11 军军长施特列盖尔将军已被保卢斯任命为北部集群司令。

1 月 27 日清晨，顿河方面军开始消灭被分割的敌军集团。

第 21、57 和 64 集团军在市内连续进行 4 天巷战，把敌人从已变成废墟的建筑物内和地下室里驱逐出来。虽然在一些地方德军仍在负隅顽抗，但不少德军士气沮丧，越来越多的人放下武器，成批成批地缴械投降。从 1 月 27 日到 29 日，仅在三天时间内，第 64 集团军就活捉了 1.5 万名德军官兵。

这 3 个集团军从西南和西北收缩对南部集群的包围圈。1 月 30 日，第 57 和 64 集团军直逼斯大林格勒市中心。

第 64 集团军司令员舒米洛夫中将命令步兵第 29 师、摩托化步兵第 38 旅和近卫步兵第 36 师尽快占领市中心。

布尔马科夫上校指挥的摩托化步兵第 38 旅向“阵亡战士”广场挺进时，遇到罗蒙诺索夫街两座楼房内敌人的顽强抵抗。他们先强攻下其中一座，从一个俘虏口供中得知，这座楼房是通往万有百货公司的支撑点，而万有百货公司的地下室就是保卢斯的司令部。

“要活捉保卢斯!”战士们兴奋的情绪马上到了顶点。万有百货公司外围德军支撑点的敌人迅速被消灭干净。在工兵第329营配合下，到1月31日凌晨，万有百货公司已被团团围住。这个百货公司已成一片废墟。天亮时，苏军把通往第6集团军司令部的电话线全部切断。

好几天了，保卢斯一直萎靡不振，坐在黑暗角落的行军床上沉默不语。他知道，这一天迟早是要来的。据一个目击者说，他的样子万分颓丧。

向第6集团军司令部“祝福”的无线电报开始如雪片般飞来。地下室的人们早已没有欣赏这些电报的兴致了。

戈林曾在阳光充足的意大利消磨了大半个冬天，穿着皮大衣，摆弄着珠宝，到处大摇大摆地快活着。1月28日，他发来了一个电报：

“第6军团的英勇奋战将名垂青史，后世子孙将会骄傲地谈起兰吉马克战役的大胆、阿耳卡萨尔战役的顽强、纳尔维克战役的勇敢和斯大林格勒战役的自我牺牲精神。”

1943年1月30日是纳粹党执政10周年。当天晚上，这位帝国元帅在无线电里大吹大擂：

“千年之后，德国人将怀着敬畏心情谈起这次战役。他们将会记得，德国之所以取得最后胜利虽有种种原因，但是起决定性作用的是这一仗……将来人们会这样谈起伏尔加河上的英雄战役：你们到德国来的时候，别忘了说一声，你们已经看到我们长眠在斯大林格勒的英雄们。为了德国的更大光荣，我们的荣誉和我们的领袖们要求我们必须这样做。”

第6军团的历史就要结束。1月30日，保卢斯电告希特勒：“最后崩溃不出24小时。”

希特勒得知这个消息，连忙对死到临头的军官们封官晋爵。他的明显意图就是要这些人下决心去死。希特勒对约德尔说：“在德军历史上，从来没有一个陆军元帅是被生俘的。”他接着给保卢斯发去电报，授予他令人羡慕的元帅节杖。117名军官也各升一级。

这时正是1943年1月31日早上，苏军已近在咫尺。

保卢斯接过司令部参谋长施密特将军递过来的电报，读完以后冷静地说：“这是让我自杀的命令，可是我不会使他得到这种满足。”

6时，苏军向万有百货公司发起攻击。

一名翻译按照施密特的指示从地下室走出来。他拿着白旗向离得很近的苏联坦克走去。他向坦克车长表示，德军指挥部准备同苏联指挥部进行谈判。坦克车长马上用无线电向上级报告了这一重要情况。

第64集团军司令员舒米洛夫中将在观察所里收到了第38旅布尔马科夫上校打来的电话。舒米洛夫当即决定，谈判从8点开始，10点结束，谈判期间不要开火。

舒米洛夫中将同时决定，第64集团军参谋长拉斯金少将被任命为谈判首席代表。舒米洛夫司令员还决定，作战部长卢金上校、侦察处长雷若夫少校、政治副参谋长穆托文上校为代表团成员。

8时，摩托化步兵第38旅司令部作战处处长伊利琴科上尉和梅日尔科中尉带领几名冲锋枪手走进地下室，在他们后面紧跟着莫罗佐夫等三名大尉，副旅长吉诺库尔中校和其他人走在最后。他们要去会一会这个和他们血战多日的对手。

德国第6集团军司令部参谋长施密特中将和南部集群司令员罗斯凯少将似乎是为了保住面子，他们提出，正式谈判要同顿河方面军司令部的代表举行。

15分钟之后，以拉斯金少将为首的谈判代表来到地下室。德军的士兵和军官笼罩着一片沮丧情绪。

在德国第6集团军司令部参谋长办公室里，施密特和他的副官、罗斯凯和他的参谋长，还有翻译和参谋人员，一共有7名军官，他们站起来表示欢迎。双方各自作了自我介绍。

拉斯金少将要求见到保卢斯元帅。德国翻译代表施密特中将说，保卢斯住在一间单独办公室，现在已不指挥集团军，集团军已被切割成独立的作战集群。

苏军代表团要求敌北部集团和南部集团立即停止任何抵抗，彻底投降。施密特中将代表保卢斯说，对于北部集团部队他不能下达命令，因为他不指挥他们，罗斯凯少将指挥的南部集团可以接受全部投降条件。

保卢斯向希特勒的大本营发出最后一份电报：

“第6军团忠实于自己的誓言并认识到自己所负的极为重大的使命，为了元首和祖国，已坚守自己的岗位，打到最后一兵一卒一枪一弹。”

这电报里的最后一句话，几乎是完全照抄了希特勒1月24日给保卢斯的命令。保卢斯把这句话送还回去了。

第6集团军司令部的发报员自己决定发出最后一份电报：“俄军已到了我们地下室的门口，我们正在捣毁器材。”最后写上“CL”，这是国际无线电码，表示“本台停止发报。”

谈判结束，南部地段上德军纷纷放下武器。这一带的战火停止了。

12时，在苏联第64集团军参谋长拉斯金少将陪同下，德国第6集团军司令官保卢斯元帅、参谋长施密特中将和集团军首席副官阿达姆上校，被带到第64集团军指挥所，来到司令员舒米洛夫中将的办公室。

舒米洛夫中将打量着这个被苏军俘获的第一个德国元帅。他是希特勒手下的军事长官。他曾率领德军在欧洲横冲直撞。巴黎、布鲁塞尔都留下过他的足迹。他直接参与制订进攻苏联的“巴巴罗萨”计划，并是这一计划的执行者。他亲自指挥第6集团军，扑到距亚洲不远的伏尔加河岸边，妄图夺取斯大林格勒。

忽然，保卢斯等3人都举起右手喊了一声：“希特勒万岁！”希特勒断送了他们的集团军，他们还不放过最后一次显示自己忠诚的机会。这或许是表演给他们的战胜者看的，滑稽又可悲。

舒米洛夫中将很不客气：“希特勒不在这里，在你们面前的是第64集团军指挥员。我们的部队俘获了你们，请按常规举手敬礼吧！”

三个人无可奈何地服从了。

舒米洛夫司令员要求保卢斯出示证件。保卢斯交出了军人证。

舒米洛夫指出，这军人证什么也证明不了。保卢斯声称，他是德国集团军的军人。舒米洛夫则告诉他：“我是红军的军人，并在红军部队中担任某种职务。”听了这话，保卢斯才拿出了第6集团军司令员的证明书。他意识到，他的傲慢似乎该收敛一些了。

■ 投降后的保卢斯

舒米洛夫中将问：“我们已获知你被授予元帅军衔，是否有这回事？”

“我已经从无线电里收到希特勒向保卢斯授予元帅军衔的命令。”施密特马上回答。

“这么说，我可以把这事报告给我的上级指挥官啰？”

两人回答：“当然可以。”

舒米洛夫中将要求保卢斯向德军北部集团下达停火命令，以避免不必要的牺牲。保卢斯的回答和施密特的一样，他不指挥德军北部集团，不能下达命令。

舒米洛夫中将又提出一个问题：“为什么你们不接受顿河方面军司令员罗科索夫斯基上将签署的关于停止抵抗的最后通牒？”

保卢斯回答：“要是换上俄国将军的话，他也会和我一样的。我下达的战斗命令，我自己不应破坏它。”

在去食堂的路上，保卢斯提出一个问题：“将军，请告诉我，您的士兵日日夜夜冒着零下30度的严寒，躺在冰天雪地里进攻，这怎么解释呢？”

附近站着一个苏联士兵。舒米洛夫对保卢斯说：“看看我们的战士穿的是什么吧！毡靴、棉裤、暖内衣、短皮袄、护耳皮帽、防寒手套，我们的祖国就是这样关怀着自己的保卫者。”

保卢斯元帅脸色变得难看起来。他的那些士兵们，头上裹着捡来的旧破布、背包和毡子。保卢斯似乎回忆起，在1942年秋末冬初，希特勒亲自下令，严禁新闻记者报道东线冬装供应情况。

1月26日，德军被分割成南北两部分后，北部德军的抵抗一天也没有停止过。

通往斯大林格勒市内的道路被维什涅瓦亚山谷切断。这条山谷又深又陡，其左边与道路平行伸展开去的是比柳奇亚山谷。再往前，在维什涅瓦亚山谷的后面就是拖拉机厂、“街垒”工厂和“红十月”工厂。工厂区一片废墟，到处是堆积的石头和废铁。德军残部就隐藏在这里。维什涅瓦亚山谷堆满了被击毁的汽车、装甲运输车和马车。

第65集团军第214师向这一地区发起进攻，但没有冲破敌人防线。步兵第214师师长比留科夫少将决定亲自率炮兵指挥员和一批侦察员到比柳奇亚山谷北面友邻部队地段上去看一下。原来维什涅瓦亚山谷是德军的一个大兵营，德军在山谷峭壁上构筑了许多洞穴作为机枪阵地，洞穴里挂着软梯垂到下边。

一支火炮部队被调到比柳奇亚山谷，从这里大炮可直接对德军瞄准射击。山谷中各个火力点被消灭了，部队向进推进，展开巷战。

罗科索夫斯基上将下令，准备肃清盘踞在北部市区的德国第6集团军残余部队，攻击将由第65集团军实施。在6公里的正面上，炮火密度平均每公里布有170多门火炮和迫击炮。在近卫第27师地段上，正面每公里有328门火炮和迫击炮。1月31日，一切进攻准备工作全部就绪。

1月31日晚上，大本营代表沃罗诺夫炮兵元帅住处附近的顿河方面军司令部里热闹异常。人们都知道保卢斯已投降，大家都在等待战俘的到来。许多新闻记者、作家、电影摄影师都想看一看怎样审讯保卢斯。只有一名电影摄影师被允许进入现场，因为他是沃罗诺夫的老朋友。

保卢斯被带来时已是深夜。在外室，保卢斯问译员，怎样认出谁是沃罗诺夫元帅、谁是罗科索夫斯基将军。

门开了，保卢斯走进灯光通明的房间，沃罗诺夫和罗科索夫斯基坐在一张不大的桌子旁边。

保卢斯进屋后停了一下，抬起右手向苏军首长表示致意。沃罗诺夫示意他坐到对面一把椅子上：“走近桌子坐下吧。”

保卢斯大步走过去坐了下来。过去这个危险而强大的敌人今天就在对面，他好像有点神经质，病容满面，十分疲惫。

沃罗诺夫元帅把桌上一盒香烟向前推了推：“抽烟吧！”

保卢斯点了点头，没有动手。

“上将，我们向您总共提两个问题。”沃罗诺夫开始说话。

“对不起，我是元帅，晋升的电报刚到，我未能换制服。”保卢斯打断了沃罗诺夫的话，“我希望你们不要强迫我回答违背我誓言的问题。”

“我们将不涉及这类问题，元帅阁下。”沃罗诺夫回答，“我们建议您立刻给你们在斯大林格勒西北部继续作战的部队下令停止抵抗，这有可能避免不必要的牺牲。”

罗科索夫斯基抽着烟，并又一次请保卢斯抽烟。保卢斯点着了一支烟，慢慢回答。

“我不能接受你们的建议。现在我是一名战俘，我的命令已不起作用。北部集群有自己的司令官在执行德军最高统帅部的命令。”

“这样一来，您将在历史面前为自己下属的白白送死负有罪责。罗科索夫斯基将军的部队有足够力量全部消灭他们。请权衡一下。”

保卢斯仍然拒绝。

接下来，沃罗诺夫元帅提出，苏军已获悉你正在生病，你对饮食有什么要求？保卢斯回答：“我不需要任何特殊照顾。我只是请求好好对待我集团军的伤病员，给他们医治并保证他们的吃喝。这就是我的唯一请求。”

沃罗诺夫元帅表示将尽量满足这一请求。可是，德军伤病员有几万名，德军的医护人员又早把他们扔下不管，困难实在太大了。

谈话到此结束，保卢斯大步走出屋子。沃罗诺夫问罗科索夫斯基有什么意见。

罗科索夫斯基大声宣布，进攻命令仍然有效。这时，2 月 1 日零时已过。

沃罗诺夫元帅和罗科索夫斯基上将于凌晨来到第 65 集团军巴托夫中将的观察所。

8 时 30 分大地颤抖了。爆炸声像回声一样，在空中久久不停。“这简直是音乐！简直是一首交响乐！”罗科索夫斯基高兴地喊着。对面德军阵地上一片火海，炮火袭击是在三个集团军的进攻地段上进行的，空军也实施了轰炸。

15 分钟的炮火置德军于死地。德国士兵一个个从掩体、地下室和坦克后面滚爬出来。有的奔跑，有的跪在地上，发疯似的举手投降。

2 月 1 日，顿河方面军的炮兵部队已完成了自己的任务。

经过炮火猛烈打击的德军残部，就像快要熄灭的蜡烛一样，轻轻的一阵风，就能把它吹灭。

坦克第 91 旅和近卫步兵第 67 师向“街垒”工厂新村的德军发起了冲击。坦克兵们迅速攻占了一个德军掩蔽部。指挥员和战士们一起冲了进去，掩蔽部里只有几个德国军官，他们有的还守在电话机旁，高声地喊话，下达战斗命令。红军冲进来时，他们一下都愣住了。这是一个团部。

战士们告诉这几名德国人，站在他们面前的是坦克旅旅长雅库鲍夫斯基。

这几名德国军官都站了起来，身体挺直，表情木然。

其中一个人朝雅库鲍夫斯基走来，他自我介绍：“步兵团长凯杰尔上校。”

“凯杰尔上校，立即下达命令，停止抵抗，交枪投降！”雅库鲍夫斯基平静地说。

凯杰尔犹豫了一下：“这需要由上级指挥部批准。”

“保卢斯元帅的命令还不行吗？”雅库鲍夫斯基问。

“我们同他已没有联系，他在哪里我们一点也不清楚。”凯杰尔回答。

“元帅被俘啦！”

“被俘的可能只是元帅先生的尸体。”凯杰尔似乎很有把握。

苏联随军记者拿出了一张报纸，上面登着沃罗诺夫和罗科索夫斯基等人审问保卢斯的照片。

在这张报纸面前，几个德国军官大吃一惊。凯杰尔无话可说，只好同意投降。凯杰尔说要请苏联军官们喝杯咖啡，并请求不要没收他们个人的武器。所有这些，当然遭到拒绝。按照老的传统，俄国人只能和朋友坐在一张桌子上吃饭。雅库鲍夫斯基重申了必须全部交出武器的命令，并告诉凯杰尔，他只能留下一个铁十字架带在身上，这可是斯大林格勒城留给凯杰尔上校团长的纪念品，一个可耻失败的纪念品。

凯杰尔的手颤抖着，不仅交出了武器，也把他身上的全部法西斯标记撕了下来。

这天，北面德军一个袋形阵地中，蜷缩着 2 个装甲师和 4 个步兵师的全部残兵败将。在拖拉机厂的废墟中，2 月 1 日夜间，他们收到了希特勒发来的一个电报：

“德国人民期望你们与守卫南面堡垒的部队一样，履行你们的

■ 德军大量坦克被遗弃在街头

职责。你们继续多坚持一天，多坚持一小时，都有利于建立一条新的战线。”

2 月 2 日中午前，这支部队投降了。投降之前给希特勒发去一封电报：“已对占压倒性优势的敌人战到最后一人。德国万岁！”

德军北部集群司令施特列盖尔上将指挥的 4 万多名德军官兵放下了武器。

大地沉寂下来，到处是血肉模糊的尸体、残缺不全的德军大炮和坦克。

2 月 2 日下午 2 时 46 分，一架德国侦察机在城市的高空飞过，发回电报说：“斯大林格勒已无战斗迹象。”

战斗迹象确实已没有了，但肃清城市工厂区的敌军，直到 2 月 2 日下午 4 时还在进行。清点敌军被俘人员，把他们组织起来集中到指定地区，是十分麻烦琐碎的一件事。

缴获的战利品，数量庞大，无法清点。在缴获的军用物资中，马只有一匹，而且是匹半死不活的马。它之所以没有被吃掉，是因为它是德军步兵第 76 师师长罗登贝格将军的坐骑。

被俘的 9.1 万名德军官兵编成纵队，缓慢地向苏联后方走去。

■ 被击落的德飞机

俘虏中有2500多名军官和214名将军。这9.1万名战俘中，最后只有5000名回到德国。许多战俘在次年春天因伤寒流行而病死。

德国第6集团军已不存在。伏尔加河上的会战结束了。

2月2日，大本营代表炮兵元帅沃罗诺夫和顿河方面军司令罗科索夫斯基上将向斯大林报告："顿河方面军各部已于1943年2月2日16时完成了您的命令，全部粉碎并歼灭敌斯大林格勒集团军。""在斯大林格勒市内和斯大林格勒地域的战斗行动已经停止。"

斯大林格勒大会战，历时180天。希特勒在顿河、伏尔加河和斯大林格勒地区损兵折将150万人。丧失3500辆坦克、3000多架战斗机和运输机、1.2万多门火炮和7.5万辆汽车。这些足够装备75～80个师。红军粉碎德国及其盟国5个集团军，其中2个德国集团军、2个罗马尼亚集团军、1个意大利集团军，德军自己损失80万人。

2月2日傍晚，大本营命令沃罗诺夫和罗科索夫斯基马上到莫斯科去。沃罗诺夫请求留到2月4日，好出席斯大林格勒胜利者的群众大会，但是，斯大林要求他们火速乘飞机回莫斯科。看来有什么紧急事情。

他们仅仅来得及到斯大林格勒跑一趟。他们只去看了看市中心，看了看保卢斯司令部的地下室和德军的医院。

2月4日，在斯大林格勒市中心的残垣断壁间举行了集会。大会宣读了最高统帅斯大林的命令，70多万人荣获"保卫斯大林格勒"奖章，数万官兵荣获勋章奖章，125名会战者被授予苏联英雄称号……

斯大林格勒又成了战斗的后方。英雄的斯大林格勒人民决心重建城市，支援前方。

苏军士兵沉浸在胜利的喜悦中。在一次庆祝聚会上，一名苏军上校高举酒杯，大声叫喊："来，来！为斯大林格勒的英雄们干杯！"

他捶捶自己的胸脯，指着他的红星大勋章："瞧，这是昨天我们伟大的政府奖给我的！朱可夫——我崇拜朱可夫！整个战役是他计划的。他和我们伟大的斯大林一起计划的……希特勒的一些最精

■ 苏军庆祝取得卫城战争的伟大胜利

锐的师在这里被歼灭了。是谁把他们歼灭的？是我们俄罗斯人民歼灭的。为什么斯大林格勒很重要，很简单，因为谁打赢了斯大林格勒会战，谁就打赢了这场战争，道理就在这儿！”

这位苏军上校正确指出了斯大林格勒会战的重要意义。

苏军在斯大林格勒战役的胜利，使自己夺取了战略主动权，开始了战略反攻，而德军在苏德战场上却转入了战略防御和退却。第二次世界大战发生了向有利于反法西斯同盟国方面的根本转折。

远在亚洲东方的毛泽东在其著名的《第二次世界大战的转折点》一文中精辟指出：“只要迫使希特勒转入战略防御，法西斯的命运就算完结了。因为像希特勒这样法西斯国家的政治生命和军事生命，从它出生的那天起，就是建立在进攻上面的，进攻一完结，它的生命也就完结了。”美国罗斯福总统在写给苏联领导人的贺信中也说，斯大林格勒保卫者们的光荣胜利，“制止了侵略者的浪潮，成了盟军反侵略战争的转折点”。

不仅是在冰天雪地的斯大林格勒，就是在酷热如火的北非沙漠，希特勒的“沙漠之狐”隆美尔元帅也遭到惨败。希特勒一步步走向死亡。

关于希特勒在斯大林格勒惨败的原因，被俘的将领中有俾斯麦的孙子。这个年轻的伯爵说：“我很遗憾，阿道夫·希特勒没有遵守我祖父定下的金科玉律：绝不能在攻打西方的时候又打俄国。拿破仑在俄国失败后曾自怨自艾地说过，既然整个欧洲已在我手掌中，我何苦还要来攻打俄罗斯！”

希特勒战线过长固然是其失败的主要原因，但最根本的原因是：得道多助，失道寡助。

斯大林格勒军民做出了巨大的贡献和牺牲，不算战死的将士，仅被希特勒屠杀和施以毒刑的就有7万人之多。

四、历史的转折点

在库尔斯克会战和斯大林格勒会战结束后，苏德把战争的焦点都放在了第聂伯河地区。第聂伯河地区具有重要的战略意义，它掩护着乌克兰的首府基辅，控制着盛产农产品的乌克兰地区和储存有丰富煤炭资源的顿巴斯地区，同时又能随时对距离较近的苏联首都莫斯科构成威胁。因此，德军统帅部非常重视，第聂伯河地区的德军企图依托这一天然屏障阻止苏军的进攻。然而，由于时间仓促，德军整个防御未能作好充分准备，有些地段尚未构筑工事，防御纵深没有强大的预备队，防御后方的德军士气因一连串的失败而日趋低落。当前局势对德军非常不利。

德军在这一地区集中了中央集团军群的第2集团军、南方集团军群的第4装甲集团军、第8集团军、第1装甲集团军、第6集团军和第17集团军，共62个师，其中包括14个装甲师和摩托化师，共124万人、1.26万门火炮、2100辆坦克和自行火炮、2100架飞机。

而此时苏军最高统帅部的会战企图是：彻底摧毁西南战略方向上的敌人，解放第聂伯河左岸乌克兰地区、顿巴斯、基辅，并强渡第聂伯河，夺占河西岸的战略登陆场，为尔后解放白俄罗斯和西岸的乌克兰创造条件。在目的明确后，苏军有的放矢地实施每一步计划。

参加此次会战的苏军是5个协同作战的方面军，即：中央方面军、沃罗涅日方面军、草原方面军、西南方面军和南方面军（10月20日分别改名为白俄罗斯方面军、乌克兰方面军），此外，苏军亚速海区舰队、远程航空兵和游击兵团也参加了这次会战。苏军投入的兵力共计有263.3万人、2850架飞机、2400辆坦克和自行火炮、5.12万门火炮和迫击炮，和德军相比，后者占有明显的优势。为尽快发动战略总攻，不给敌人以喘息之机，趁热打铁的苏军各参战部队克服重重困难，最大限度地及时集中了自己的兵力兵器。中央方面军第65集团军在突破地段集中了全部炮兵和坦克的2/3，平均每公里火炮和迫击炮的密度为122门。沃罗涅日方面军在第47集团军和近卫第4集团军的突破地段上，每公里火炮和迫击炮的密度达到150～170门。如此强大的攻势是德军所始料未及的。

与此同时，苏军最高统帅部还指示亚速海区舰队，运送登陆兵在亚速海北岸登陆，配合陆军在南方的进攻。苏联游击队则应在敌后广泛开展斗争，袭击敌人交通线，分散敌人的精力和兵力以积极有效的行动配合正面苏军取得强渡第聂伯河的胜利。

1943年8月至9月，苏军各方面军协同作战，全面出击。第聂伯河会战于1943年底结束。这次会战，苏军重创了德军南方集团军群的基本兵力和中央集团军群一部。历时4个月的猛烈进攻，苏军一步一步扩大战果，苏军消灭了第聂伯河的德军防御部队，占领了德军在左岸的全部桥头堡，并且在右岸建立了2个战略登陆场和数十个战役战术登陆场，使德军恢复沿第聂伯河来进行防御的幻想彻底破灭了，打乱了德军的战略行动。如果说库尔斯克会战彻底埋葬了希特勒的进攻战略，那么，第聂伯河会战则粉碎了德军统帅部建立坚固阵地加强防御并扼守重要经济区的企图。德军的士气开始低落起来，苏军的将士则坚信战争的最后胜利是属于伟大的反法西斯同盟的。

苏军在第聂伯河会战中的胜利，还为尔后在白俄罗斯的进攻和完全解放第聂伯河右岸乌克兰，以及将侵略者驱逐出境奠定了基础。

苏军不仅在第聂伯河会战中，而且在苏德战场的其他方向上也取得了显著的胜利，北高加索方面军在黑海舰队、亚速海区舰队的协同作战下，于9月至10月解放了新罗西斯克和整个塔曼半岛。10月31日至12月11日，苏军进行了刻赤—埃利季根登陆战役，并在刻赤半岛夺占了登陆场。布良斯克方面军发起的布良斯克战役，同时西方面军和加里宁方面军实施的斯摩棱斯克战役，也给德军以沉重打击，牵制了德军部分兵力，强有力地配合了第聂伯河会战。

由于苏军在斯大林格勒、库尔斯克、第聂伯河，以及在苏德战场其他地区的胜利，从斯大林格勒反攻开始的苏联卫国战争的根本转折遂告完成，军事战略形势和力量对比发生了重大变化，朝着向盟国有利的一方发展，并为最终消灭全部的法西斯势力奠定了坚实的基础。